코칭의 이해와 활용

박 순 창

청목출판사

〈들어가는 말〉

필자는 2014년 코칭을 접한 후 지금까지 지속적으로 연구해오고 있다. 코칭을 공부할수록 더 많은 책과 방법론을 접하게 되고, 그래서 자신의 부족함을 인식하고 겸손해지는 것 같다. 해외 선진국은 말할 것도 없거니와, 국내 코칭 현장에도 이미 많은 유능한 코치들이 활발하게 활동하고 있고, 더 많은 새로운 코치들이 진입하고 있다. 대기업 임원들, 외국계 회사 대표들, 중소기업체 대표, 대기업 인사팀 담장자들, 교육 분야 종사자들, 리더십 프로그램 이수자들 등 매우 다양한 배경을 가진 사람들이 코칭의 중요성과 효과성을 인지하고, 열정적인 자세로 이론 학습과 실습을 병행하고 있다. 이런 유능한 선배 코치들에 비하면 필자는 아직 이론적 지식과 현장 경험 면에서 부족하고, 그래서 코칭 도서를 집필하는 게 부담이 적지 않았다.

그러나 그동안 여러 경로로 배운 코칭 지식들을 정리하여 나의 체계적 지식으로 만들고 싶었고, 코칭을 처음 접하는 대학생이나 일반인들이 좀더 쉽게 코칭에 다가갈 수 있도록 조그만 힘을 보태고 싶었다. 다소 엉성하고 부족한 부분이 많겠으나, 앞으로 지속적으로 코칭을 학습 및 실행하면서 보완하리라 다짐해 본다.

본 도서의 주 독자는 코칭을 처음 접하는 대학생 및 일반인이다. 대학의 교양과정, 리더십 과정, 인사조직 관련 전공 등에서 강의 교재로 사용될 수 있을 것이다. 그리고 코칭의 기본 개념을 이해하고자 하거나, 코칭 자격시험을 준비하거나, 자신이 속한 조직에서 코칭을 활용하고자 하는 직장들을 위한 참고 도서가 될 수 있을 것이다.

본 도서는 코칭을 처음 접하는 대학생들과 일반인들이 가장 이해하기 쉽도록 하는데 중점을 두었기 때문에, 코칭의 입문에 해당하는 기본서라 할 수 있다. 이후 코칭 협회 및 코칭 회사들이 운영하고 있는 다양한 교육프로그램을 이수할 것을 권한다. 코칭은 배우는 과정에서 실습이 필요하며, 선배 코치의 안내와, 동료 코치와의 상호 실습과 토론, 고객과의 만남 등을 위해서는 혼자 하기보다는, 검증된 코칭 회사의 프로그램이 도움이 된다. 유능한 코치들이 수준별로, 그리고 다양한 관점에서의 코칭 프로그램을 제공하고 있으며, 저마다의 분야와 장점들을 갖고 있어, 프로그램에 대한 사전 정보를 충분히 탐색한 후, 자신의 분야와 미래 발전에 맞추어 선택하기 바란다. 이러한 프로그램은 대부분 유료이기 때문에 '그냥 이것저것 많이 배워두면 좋겠지'라는 생각보다는, 배워서 자신이 직접 활용할 수 있는 프로그램을 우선 이수하는 것이 좋다.

그동안 코칭의 여정에서 많은 동료 및 선배 코치들을 만났고, 다양한 프로그램을 접했고, 여전히 먼 길을 가야 하는 지금, 잠깐 서서 돌아보면 코칭을 만난 것이 나에게는 참 다행이라는 생각이 든다.

경영학박사이자 교수로서 대학의 교육 현장에 적지 않은 시간을 보내오는 동안, 스스로 부족한 점이 참 많았지만, 특히 인간과 인간관계에 대한 이해가 부족했다. 인간의 자발적 변화와 성장을 목적으로 코칭을 접하면서, 인간에 대한 이해가 깊어졌고, 다른 사람의 변화와 성장을 어떻게 도울 수 있는지에 대해 깨달을 수 있게 되었다. 전에는 기업 대표를 만나면 도대체 무엇을 얘기해야 할지 몰랐지만, 지금은 누구를 만나든 대화를 이어갈 수 있게 되었다. 내가 아니라 상대방에게 관심을 갖고, 그의 발전 가능성을 믿으며, 그의 내면의 얘기를 듣고, 그의 발전을 위한 질문과 피드백을 할 수 있게 되었다.

또한 상대방의 변화와 성장에 도움을 줄 수 있는 코치가 되기 위해서는 스스로 어떤 자세와 역량을 가져야 하는지를 알게 되었으며, 그러한 역량을 갖추기 위해 지금도 노력하고 있다. 코치 자신이 금연을 못하면서, 고객의 금연을 코칭할 수 있겠는가? 코치는 고객이 신뢰하고 존경할 수 있는 존재

여야 하므로, 항상 자신을 성찰하고, 계발하며, 스스로를 성장시켜야 한다.

특히 코칭은 일상의 대화에서 많은 도움이 된다. 상대의 성장에 초점을 둔 코칭 대화법을 익히면, 가정에서 부모와 자녀간의 대화, 학교에서 교사와 학생간의 대화, 회사에서 상사와 부하간의 커뮤니케이션에 큰 도움이 될 것이다. 갈등이 줄어들고, 설사 갈등이 있다 해도 대화를 통한 타협이 가능해질 것이다. 가정은 화목하게 되고, 기업은 조직문화가 개선될 것이다. 대화능력은 개인의 업무 능력과 별개이며, 소통은 리더십의 핵심 덕목이다.

본 도서 하나로 코칭의 개념을 모두 파악할 순 없다. 코칭은 매우 넓은 분야에 적용될 수 있고, 이 순간에도 다양한 이론과 방법론들이 발전을 거듭하고 있기 때문이다. 코칭 공부는 단기간에 끝나는 과정이 아니며, 인간이 존재하고 변화하는 한 끊임없는 지속적인 탐구 과정이다.

다만 본 도서가 그러한 코칭 여정의 출발점을 제공할 수 있기를 바란다. 코칭의 기본 개념을 이해하고, 코칭에 대한 좋은 이미지를 가질 수 있기 바란다. 코칭의 기본에 충실하고, 상대를 믿고 사랑하는 마음으로 코칭 대화와 코치 자세를 가지면, 당장의 주변 생활에서 놀라운 변화를 목격하게 될 것이다. 상대를 중심에 둔 말 한 마디가 그와의 관계를 얼마나 개선시키게 되는지를 겪고 나면, 코칭의 파워를 새삼 실감하게 될 것이다. 코칭은 인간에 대한 무한한 믿음과 사랑이며, 코칭을 통해 나의 성장과 세상의 변화를 이룰 수 있다고 믿는다.

퇴직을 앞둔 50대 중반의 대기업 임원인 김전무의 얘기다. 김전무는 시골에서 태어났고, 똑똑한 머리와 각고의 노력으로 유명 대학을 졸업한 후, 현재의 대기업에 사원으로 입사해 승승장구한 자수성가형 인물이다. 지금의 이 자리까지 오는 동안 그 누구보다도 회사에 충성했고 또 성공했지만, 퇴직을 앞둔 지금 앞날을 어떻게 살아야 할지 고민이 많다.

회사 일에 바빠 가정을 충분히 돌보지 못했고, 대화가 부족했던 두 자녀는 어느덧 대학생이 되어 각자의 길을 가고 있다. 그들이 자랄 때 함께 하지 못했던 자신이, 지금 와서 자상한 아버지가 된다는 것도 우스워 보였다.

회사에서 지금까지의 위치는 확고했지만, 이제 퇴직하면 당장 갈 곳도 마땅치 않다. 몇몇 중소 거래처에서 부사장의 자리를 제시하고는 있지만, 그들은 자신의 인맥을 이용하는 것이 목적이고, 그것도 2년 정도뿐이다. 그곳에 간다면, 지금의 부하들에게 이런저런 아쉬운 부탁을 해야 할 것이다.

아직 두 자녀가 결혼 전이고, 여전히 젊고 의욕이 넘치는데, 열심히 살아온 자신을 세상이 더 이상 필요로 하지 않는다는데 깊은 좌절감을 느낀다. 또 더 늙기 전에 이 세상을 위해 무언가 의미 있는 일도 하고 싶은데 어디서 시작해야 할지 몰라 답답하기 그지없다. 50대 중반의 나이에 대기업 전무인 자신이 누구에게 물어보고 상담할 수 있을까?

그러던 어느 날 동창 모임에서 박교수를 만났다. 박교수의 얼굴은 알고 있었지만, 수도권 모 대학에 있다는 것만 알았을 뿐, 그의 전공도 몰랐고, 특별한 친분도 없었다. 박교수와 처음 만나 이런 저런 얘기를 나누면서 김전무는 왠지 하고 싶은 얘기가 많아졌고 다시 만나기로 하였다.

이 후 박교수와의 만남은 6회 정도 계속되었다. 주로 김전무 자신의 현재 상황, 걸어온 길, 자신의 가치관, 퇴직 이후 원하는 삶의 모습과 의미, 비석에 새겨질 문장, 가족과의 연결, 의미있다고 생각하는 일 등에 관해 얘기하였다. 박교수와 얘기가 진행되면서 점차 자신의 퇴직 후의 모습이 그려졌고, 어떤 삶을 살아야 하는지, 무엇을 위해 살아야 하는지, 그것을 달성하기 위해 어떻게 해야 하는지, 언제 해야 하는지에 대한 계획이 세워졌다.

총 7회의 만남이 끝난 후 김전무는 자신의 삶을 돌아보았고, 어디로 가야 하는지 확신이 들었다. 김전무는 갑자기 의문이 들었다. 불과 3개월 전에만 해도, 자신의 미래에 불안하고 답답해하던 자신이었는데, 도대체 박교수와의 만남에서 어떤 점이 자신에게 이런 변화를 주었을까 생각해 보았다. 만남이 진행되는 동안, 박교수는 늘 김전무 자신의 얘기를 주의 깊게 들어주었다. 이전의 성공 경력을 물어주었고, 자신의 강점을 불러내 주었다. 끊임없는 칭찬과 격려가 있었고, 자신의 존재와 가치관을 인정해 주었다. 박교수는 늘 조용히 김전무를 응시해 주었고, 비난도 하지 않았다. 박교수는 자신의 의견이나 주장을 펼치지 않았고, 어쩌다 의견을 말할 때도 제안만 할 뿐 결정은 언제나 김전무의 몫이었다. 박교수는 늘 김전무에게 질문을 하였고, 그 때마다 김전무는 자신에게 묻고 답하곤 했다.

돌아보면, 박교수는 아무런 답을 제시하지 않았고, 그저 자신에게 질문만 했을 뿐이었다. 김전무 자신이 고민했고, 대답했고, 결정했다. 박교수와의 만남은 컨설팅, 상담, 멘토와는 다른 무엇이었다. 박교수와의 만남을 뭐라 할 수 있을까? 나와 같은 고민을 안고 있는 사람에게 이 방법을 사용해서 도와줄 수 있을까? 이것을 좀 체계적으로 배울 순 없을까? 다음 만날 때 박교수에게 물어봐야지 하면서 그와의 만남이 기다려진다.

토론하기

- 위의 글을 읽고 어떤 생각이 드는가?
- 당신이라면 김전무에게 어떤 얘기를 해줄 수 있겠는가?
- 김전무를 대하는 박교수의 방법은 무엇이 다른가?

- 당신은 어떤 고민이나 해결하고 싶은 문제, 혹은 달성하고자 하는 목표가 있는가?
- 그러한 문제를 해결하거나 목표를 달성함에 있어, 다른 사람의 도움이 필요하다면, 어떤 사람으로부터, 어떤 도움을 받는 것이 도움이 될까?

- 사람이 성장한다는 것은 어떤 뜻일까?
- 사람은 어떤 단계를 통해 변화하고 성장할 수 있을까?

- 당신이 원하는 삶은 어떤 모습인가? 5년 후, 10년 후, 20년 후 꿈꾸는 당신을 상상해 보라.
- 당신의 비석에 어떤 글이 새겨지기를 원하는가?
- 그러한 삶을 살기 위해 지금 어떤 노력을 하고 있는가?
- 당신의 현재의 삶이 변화되지 않으면 10년 후 어떤 모습일까?
- 당신의 삶의 성장하려면 무엇이 어떻게 변화되어야 하는가?

차 례

II 코칭의 활용

I

코칭의 이해

코칭의 개념

1. 코칭의 필요성

1) 우리의 인생, 행복, 꿈, 그리고 코칭

우리 인간은 어디서 와서 어디로 가는 걸까? 사후의 삶은 어떤 것일까? 아니 있기는 한 걸까? 우리는 이러한 질문에 쉽게 답할 순 없다. 하지만 인간 삶의 시간이 한정되어 있다는 것은 누구나 알고 있다. 이 한정되어 있는 시간은 무엇을 위해, 어떻게 사용되어져야 할까는 각자의 고민이다.

우리는 무엇을 위해 사는 걸까라는 질문에 가장 많은 대답은 아마도 '행복'하기 위해서일 것이다. 그렇다면 이 행복은 무엇이고 어떻게 얻을 수 있을까? 무수히 많은 설명과 담론이 있겠지만, 그 중에서도 '자신이 하고 싶은 것을 하며 사는 것'이 하나의 답이 될 수 있을 것이다. 다른 사람에게 피해를 주지 않으면서 내가 정말 하고 싶은 것을 하며 살 수 있다면 얼마나 행복할까?

이러한 정의에 따른 행복을 추구하려면 우선 '자신이 하고 싶은 것'을 알아야 한다. 남이 해서 하는 것도 아니고, 남이 좋아해서 따라 하는 것이 아닌, 진정한 자신 내면의 욕구(needs)를 알아야 한다. 자신의 욕구가 파악되면 그 욕구를 충족시키기 위해 다양한 방법을 기울이게 될 것이다.

우리들 인생에서 '자신이 하고 싶은 것'은 '꿈'이라는 단어로 표현된다. 인간과 동물의 차이 중의 하나가 바로 인간은 꿈을 갖고 있다는 것이다. 만약 인간이 꿈꾸지 않고, 먹고 자는 등 기본적 욕구만 충족시키며 살아간다면 동물의 삶과 다를 바가 없을 것이다.

꿈은 씨앗이고, 시작이고, 우리의 인생 목적이 표현된 것이다. 우리는 누구나 꿈을 갖고 살며, 그 꿈을 이루고자 노력한다. 그러한 꿈이 이루어진 삶을 상상하고 염원한다.

인생에서 성공하고 행복하는 비결은 의외로 매우 간단하다. 자신이 진정으로 원하는 꿈을 설정하고, 그것을 향해 지속적으로 노력하는 것이다. 여기서 가장 중요한 것은 '자신이 진정으로 원하는 꿈'을 설정하는 것이다. 꿈은 자신이 가야할 방향이며 이유이다. 도착지가 없는 비행이나 항해가 있는가? 과녁 없이 화살을 쏘는 사람이 있는가? 꿈이 없다는 것은 자신의 인생에서 무엇을 하고 싶은지를 모른다는 것이며, 이러한 사람에게 행복은 어떤 의미일까를 질문한다면 어떤 대답이 나올지 궁금하다.

자신이 하고 싶은 것을 정확히 안다는 것은 결코 쉽지 않은 일이다. 오랜 시간 동안 자신에 대한 성찰과 고뇌가 있어야 한다. 초등학교 때의 꿈은 몇 번이나 바뀌기 마련이고, 나이가 들수록 전혀 다른 꿈이 나타나기도 한다. 노인이 되어서 바뀌기도 하고, 심지어 눈을 감을 때 '아 이것을 꼭 해볼 걸' 하는 아쉬움을 남기기도 한다.

우리가 스스로 자신의 꿈을 찾아야 하지만, 만약 누군가로부터 도움을 받는다면 더 쉽게 찾을 수 있을 것이다. 자신이 아닌, 보다 객관적인 입장에서 누군가가 거울로 나를 비추어 준다면, 나는 평소의 생각을 넘어 새로운 시각으로 나를 바라볼 수 있을 것이다. 이 거울의 역할을 하는 것이 바로 '코칭'이다. 코칭을 진행하는 코치는 거울의 역할을 충실히 해주며, 고객은 그 거울을 통해 자신을 다른 시각에서 들여다 볼 수 있다.

우리가 자신의 진정한 꿈을 갖고 있다면 이를 이루기 위해 긴 여정을 떠나는데, 이 여행은 힘들고 외롭다. 혼자의 힘으로 끝까지 완주하는 사람은 정말 의지력 강한 사람이다. 하지만 우리 인간의 다수는 그렇게 독하지 않다. 처음에는 강했던 의지가 시간이 지남에 따라 약해지기도 하고, 자신의 성공에 자신이 없기도 하고, 쉬거나 포기하고 싶은 유혹을 끊임없이 받는다. 만약 이 과정에서 누군가가 나를 위해 기도해 주고, 응원해 주고, 격려해 주고, 함께 고민해 주고, 나에게 새로운 시각을 열어줘 새로운 방법을 시도해 볼 수 있도록 지원해 준다면 얼마나 좋을까? 바로 이 역할을 하는 사람이 코치이다.

물론 부모님, 선배, 친구, 친척 등 많은 사람들이 이 역할을 할 수 있지만, 코치는 인간 성장에 관한 전문적 지식을 갖고, 체계적으로 격려하고 지원해 준다. 사적인 관계로서가 아니라 공식적인 관계를 맺고, 고객이 원하는 지점으로 이동할 수 있도록 도와주는 전문가이다.

코칭은 꿈을 찾도록 해주고, 그 꿈을 실현하도록 지원해 주는 전문적 서비스라고 할 수 있다. 꿈과 관련된 아래의 질문을 스스로에게 던져보고 고민해 보자.

◆ 꿈을 찾는 질문

- 만약 어떤 제약도 없고, 모든 자원을 갖고 있다면, 나는 무엇을 하고 싶은가?
- 만약 당신이 어떤 소원이든지 들어주는 도깨비 방망이를 갖고 있다면, 무엇을 말하고 싶은가?
- 부모, 형제, 가족, 친척 등에 대한 모든 의무가 없고, 오직 나만 세상에 있다면 무엇을 하고 싶은가?
- 당신의 깊은 내면에서 원하는 욕구는 무엇인가?

-만약 나의 삶이 1년 밖에 남아 있지 않다면, 혹은 3년 밖에 남아 있지 않다면, 나는 무엇을 하고 싶은가?
-나는 나의 묘비에 어떤 문구가 새겨지기를 바라는가?
-사후 다른 사람들이 나를 어떤 사람으로 기억해 주기를 바라는가?
-당신은 어떤 가치관을 중요시하는가? 10개를 열거한 후 3개만 선정해 보라.
-내가 만약 다시 태어난다면 나는 어떤 삶을 살고 싶은가?
-20년 후 내 삶의 정점에 있을 때 나는 어떤 삶을 살고 싶은가?

2) 인간의 인식 변화

우리가 사는 목적이 행복이라면 이 행복을 어떻게 느낄 수 있을까? 인간이 행복해지는데 필요한 것은 무엇일까? 무엇이 우리의 행복을 결정지을까? 돈, 건강, 명예, 친구, 직업 등 많은 요인들이 행복에 영향을 미치겠지만, 어떤 절대적인 기준은 없다. 이들 요소들이 인간의 행복에 미치는 영향은 사람마다 다르다.

미국 심리학과 교수인 소냐 류보머스키의 연구에 따르면[1], 행복의 요소는 유전적 요인 50%, 의도적 행동 40%, 환경적 요인 10%라고 한다. 돈, 명예, 직업 등 위에서 열거한 환경적 요인들은 10%에 불과하다. 유전적 요인을 제외하면 의도적 행동이 행복의 중요한 결정요소이며, 이는 우리의 노력으로 변화될 수 있다. 즉 우리의 행복은 우리가 어떻게 생각하고, 어떻게 인식하고, 어떤 감정을 갖고, 어떤 행동을 하는가에 달려 있다는 것이다.

'모든 것은 마음먹기에 달려 있다'라거나 '생각하기에 달려 있다'라는 말이 있다. 이는 '우리가 어떻게 상황을 인식을 하는가에 달려 있다'라는 뜻이다. 똑 같은 상황에서도 누구는 희망을 갖고 행복할 수 있고, 누구는 절망하며 불행하다고 할 수 있다. 심지어 유사한 상황에서도 어떤 한 사람이 그 때마

1) 소냐 류보머스키(2008), 『How to be happy 행복도 연습이 필요하다』, 오혜경 옮김, 지식노마드.

다 다른 인식을 가질 수도 있다.

인간의 행동과 학습, 커뮤니케이션 모델인 신경언어 프로그래밍(NLP: Neuro-Linguistic Programming)의 세계적인 개발자이자 저자로 유명한 로버트 딜츠(Robert Dilts)는 인간의 의식수준을 6단계로 나누었다.[2)]

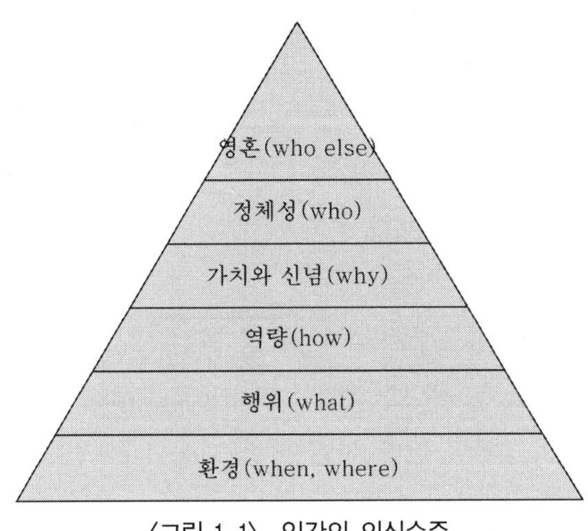

〈그림 1-1〉 인간의 의식수준

첫 번째 단계인 환경(environment)은 우리 주변의 물리적, 사회적 환경 등을 말한다. 내가 지금 있는 장소, 주위의 사람, 소리 등이다.

두 번째 단계인 행동(behavior)이란 내가 무엇을 하는가를 말한다.

세 번째 단계인 역량(capability)이란 반복되고 일관된 습관을 말한다.

네 번째 단계인 가치와 신념(value & belief)은 내가 살아가면서 옳다고 생각하는 것, 판단의 기준으로 삼고 있는 것, 무의식적으로 굳어진 생각, 소중히 여기는 것 등이다.

다섯 번째 단계인 정체성(identity)은 내가 생각하는 나에 관한 것이다. 나를 어떤 사람으로 의식하는지, 내가 존재하는 의미나 사명, 역할에 관한 것이다.

2) 로버트 딜츠(2009), 『긍정 코칭』, 박정길 옮김, 아카데미북.

여섯 번째 단계인 영혼(spirit)은 영성수준으로, 타인과 자기정체성 너머에 있는 그 무엇과의 관련성을 말한다. 초정체성으로 나의 존재가 가족, 직업, 지역사회, 지구나 우주에 어떠한 영향을 미치고 있는지를 규명해 줄 수 있다.

이 6단계로 이루어진 NLP신경 논리적 수준에서 상위 단계의 변화는 하위단계에 영향을 미쳐서 변화를 일으키지만, 하위수준의 변화가 반드시 상위수준의 영향을 미치는 것은 아니다. 어떤 사람이 어떤 이슈에 대해 변화를 하고자 한다면, 이 인식의 상위 수준을 변화시켜야 한다. 환경 수준의 인식 변화보다는 가치와 신념 수준이 변해야 하고, 정체성의 인식이 변해야 한다.

외국어 학습을 예로 들어 보면,

-환경적 수준: 외국어 공부를 위한 주변 여건은? 학원은? 함께할 친구는?
-행위적 수준: 외국어 공부를 위해 어떤 행위를 하고 있는가?
-역량적 수준: 외국어 공부를 위해 어떤 기술이나 습관을 갖고 있는가?
-신념과 가치 수준: 외국어 공부가 어떤 가치가 있는가? 왜 내가 외국어 공부를 해야 하는가?
-정체성 수준: 외국어 공부는 나에게 어떤 의미를 갖는가? 외국어 공부는 내 삶을 어떻게 변화시킬 수 있는가?
-영혼적 수준: 외국어 공부는 내 주변의 사람들에게 어떤 영향을 미치는가? 지역과 사회에 어떤 의미를 갖는가?

6단계 각 수준은 모두가 외국어 학습에 중요하다. 상위수준의 인식변화는 하위수준의 인식변화에 영향을 미치고, 이 모든 인식 변화가 함께 이루어지면 근본적인 변화를 가져올 수 있다. 환경, 행위, 역량, 신념 및 가치관, 정체성, 영혼으로 이어지면서 한 방향으로 정렬된다면 변화할 수 있고, 원하는 삶을 얻을 수 있다.

코칭에서는 가치관 및 신념 단계와 정체성 단계를 존재(being)로 보며

이 존재 수준을 끊임없이 탐구하고, 사고를 확장하고, 인식을 변화하여, 고객의 자아실현을 지원하고자 한다.

3) 시대가 요구하는 새로운 리더십

코칭은 리더십의 흐름과 관련을 갖는다. 코칭은 새로운 현대적 리더십 이론 중의 하나라고도 한다. 코칭을 이해하기 위해서 리더십 연구의 흐름이 어떻게 흘러 왔는지를 이해할 필요가 있다.

리더십 연구의 흐름을 간략히 정리해 보면 아래와 같다. 1980년대 초반까지의 이론들, 즉 특성이론, 행동이론, 상황이론을 전통적 리더십 이론이라 하며, 이후의 이론들을 현대적 리더십 이론이라 구분하고 있다.

1980년 이후에는 매우 다양한 현대적 리더십 이론들이 발표되었는데, 카리스마 리더십, 변혁적 리더십, 슈퍼 리더십, 셀프 리더십, 서번트 리더십, 임파워링 리더십, 팔로워십, 감성 리더십, 상황 대응적 리더십, 코칭 리더십, 젠더 통합 리더십, 언리더십, 이슈 리더십, 영성 리더십, 진성 리더십, 복잡계 리더십 등이 쏟아져 나왔다.

이러한 많은 리더십들이 나오게 된 것은 그만큼 현대 사회의 변화가 빠르고, 전통적 리더십으로는 현재의 환경을 극복할 수 없다고 여겨졌기 때문이다.

이러한 시대에 대해 에노모토 히데타케(2004: 15)는 '해답이 상류에서 하류'로 이동하였다고 설명했다. 과거에는 생산자, 상사, 의사, 교사 등의 상류에서 해답을 갖고 있었지만, 현재는 소비자, 부하, 환자, 학생 등의 하류에서 해답을 갖고 있다는 것이다. 기업에서 상사가 해답을 갖고 있지 않고 부하가 해답을 갖고 있다면, 더 이상 지시와 명령을 내리는 세로형 조직이 아니라, 상사와 부하가 협력적인 관계인 가로형 조직으로 바뀌어야 한다는 것이다.

이러한 가로형 조직에서는 부하의 자발적인 성과 향상이 필요하다. 이는 지시나 명령형으로 할 수 없으며, 질문을 통해 부하의 의식을 확장하고, 부하 스스로 내적인 동기부여가 되어야 한다. 이를 위해서는 코칭이 필요하고 가장 적합한 이론이라 할 수 있다.

〈표 1-1〉 리더십 패러다임의 변화[3]

기간	리더십 이론	중심 주제 및 접근 방법
1940년대 후반 이전	특성 이론 (Trait Theory)	리더십은 타고 나는 것 효과적인 리더는 일련의 특성을 가지고 있다는 전제하에 리더의 지성, 성격 및 신체적 특성 등 효과적인 리더의 특성을 탐색
1940년대 후반 ~1960년대 후반	행동 이론 (Behavior Theory)	리더십 유효성은 리더의 행동에 따라 달라지며, 리더십은 개발될 수 있음 리더 행동의 특정 유형이 모든 상황에서 효과적이라는 전제하에 리더가 부하에 대해 어떻게 행동하는지에 대해 연구
1960년대 후반 ~1980년대 초반	상황 이론 (Situational Theory)	리더십은 상황에 따라 달라짐 모든 상황에 적합한 최선의 리더십 유형은 없다는 전제하에 상황에 따른 효율적 리더십 유형에 대해 연구
1980년대 초반 이후	신조류의 리더십 이론	리더는 비전을 지녀야 하며 부하에게 강한 정서적 반응을 이끌어 내야 함 새로운 흐름의 리더십 접근 방법으로 부하의 전념, 몰입을 유도할 수 있는 특정의 리더십 유형에 대해 연구

코칭은 리더가 이끌어야 한다는 기존의 리더십 관념에서, 부하가 자발적으로 노력하도록 동기를 부여해야 한다는 새로운 리더십 이론이라 할 수 있다.

3) 박경록·라미경(2016), 『Core 핵심 리더십 개발』, 한올, pp. 58-59.

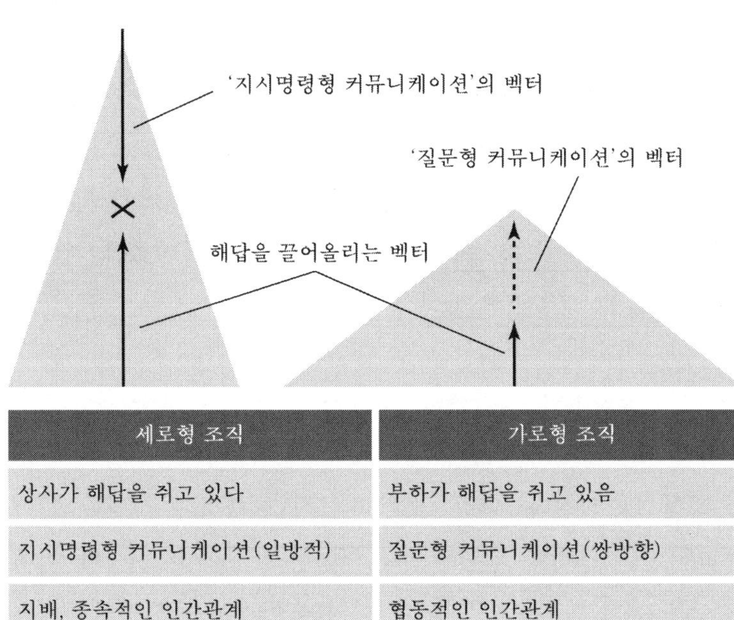

세로형 조직	가로형 조직
상사가 해답을 쥐고 있다	부하가 해답을 쥐고 있음
지시명령형 커뮤니케이션(일방적)	질문형 커뮤니케이션(쌍방향)
지배, 종속적인 인간관계	협동적인 인간관계

〈그림 1-2〉 세로형 조직과 가로형 조직[4)]

4) 진전한 변화는 자신의 내부로부터

망원경을 발명해 지동설을 증명한 갈릴레오 갈릴레이는 "누구도 다른 사람에게 그 무엇을 가르칠 수 없다. 다만, 그가 자기 자신에게서 그 무엇을 발견하도록 도울 수 있을 뿐이다."라고 하였다. 사람은 누구나 독립된 인격체이고, 자신의 의사결정을 주도한다. 외부로부터 관찰하고, 듣고, 배우고, 정보를 얻지만, 결국 인식하고, 결정하고, 수용하는 것은 본인이다. 따라서 우리는 다른 사람에게 정보를 줄 수는 있지만, 그 사람이 내면적으로 동의하지 않는 한 그 사람의 진정한 수용과 변화를 강제할 수 없다.

행동심리학에서는 사람들이 변화를 일으키는 가장 기본적인 방법으로 자극-반응을 든다. 이 자극에는 찌르기와 유혹하기 방법이 있다. 그러나 이 방

4) 에노모토 히데타케(2004), 『마법의 코칭』, 새로운 제안, p. 35.

법이 종종 효과는 있으나 지속되지 않는다. 자극이 멈추면 움직임도 멈춘다. 상사의 지시, 부모의 충고, 목사의 훈계, 교사의 꾸중 등에 단순히 반응하는 경우, 행동을 변화시키고, 가치를 재검토하며, 개인의 목표를 설정하거나 열정을 발견하게 되는 자신의 동기는 사라진다.5) 대신 강요받을 때까지 기다리거나 수동적이 되기 쉽다. 많은 근로자들과 학생들이 자발적으로 움직이지 않고 자극이 주어질 때까지 움직이지 않는 이유이다. 변화의 지속적인 원동력은 외부가 아니라 내부에서 찾아야 한다.

우리 인간은 끊임없이 생각한다. 잠시라도 생각을 멈출 수 없다. 우리의 마음 속 깊은 곳으로부터 티끌만한 아주 작은 생각의 기포가 발생하고, 올라오면서 점점 더 커진다. 이런 얕고 피상적인 생각은 선명한 이미지를 남기지 못한다. 반면 생각이 깊어질수록 마음은 맑아지고 선명한 이미지가 형성된다(김상운, 2011: 59). 생각이 깊어지면 이미지가 선명해지고, 이미지가 선명해져도 생각이 깊어진다. 바로 이 선명한 이미지가 변화의 원동력이다.

예를 들어 보자. 금주나 금연, 다이어트 등이 우리의 의지대로 잘 이루어졌는가? 내가 마음먹은 대로 이런 것들에 성공하였는가? 아마도 쉽지 않았을 것이다. 우리의 의지는 다이어트이지만, 결국 아이스크림의 유혹에 흔들리고 포기하고만 기억들이 있을 것이다. 습관이나 욕구를 이성과 의지로 통제할 수 있다면, 삶이 얼마나 성공적이겠는가? 잠재의식에 새겨진 뿌리 깊은 습관은 잠재의식이 바뀌지 않는 한 쉽게 고쳐지지 않는다.

이 때 의지보다는 선명한 이미지가 중요하다. 다이어트로 인해 변화되어져 가는 나의 신체의 모습을 아주 선명하게 마음속에 그리는 것이다. 아니면 아이스크림에 벌레가 있는 이미지를 그려보면 어떨까? 이 이미지가 선명해지면, 마음의 깊은 곳에서 변화가 발생하고 욕구가 사라진다. 다이어트뿐만 아니라 인간 성장을 원하는 사람은 누구나 자신의 성공한 모습을 아주 선명하게 그리기만 하면 변화가 발생한다.

5) 게리 콜린스(2011), pp. 44-45.

이 때 나를 나라고 보는 것 보다는 남이라고 상상하면, 나를 더 객관적으로 볼 수 있고 이미지가 선명해진다. 머릿속에 그릴 이미지를 제 3자의 눈으로 객관화하면, 우리 잠재의식은 이를 받아들여 믿게 되고, 이렇게 믿음의 강도가 높아지면 분명한 현실로 나타난다(김상운, 2011: 93).

그러나 현실을 보면 목표에 대한 이미지를 그려놓고도 실행하지 못하고 목표 달성에 실패하는 경우가 많다. 목표를 정해 놓고 실행하지 못하는 건 실행 과정을 구체적으로 머릿속에 미리 그려 넣지 않기 때문이다. 과정 없는 결과는 없다. 언제, 어디서, 어떻게 실행할 것인지를 구체적으로 그려서 바라보면 그대로 일어난다.

이러한 이미지를 그리는 작업을 코칭에서 지원할 수 있다. 코치는 고객에게 끊임없이 고객의 성공한 모습을 질문하고, 묘사해 줄 것을 요청한다. 고객 자신을 객관화시켜 바라보게 하고, 변화된 모습의 느낌을 말하게 하고, 고객의 마음 깊은 곳에 변화된 이미지가 선명하게 그려지도록 촉구한다. 이렇게 고객의 마음속에 그려진 선명한 이미지는 의지보다 강하며 변화를 촉진시켜 준다.

5) 코칭의 현실적 필요성

사람들이 코칭을 요청하는 이유는 무엇인가 달라지기 원하기 때문이다. 대개 변화는 태도, 생각, 인식과 행동의 전환을 요구한다. 간단한 것도 있고 복잡한 것도 있지만, 코칭은 변화를 일으키는 것과 관련이 있다. 미래가 달라지기를 원한다면 우리가 현재 하는 일들을 변화시켜야 한다는 것을 코치는 안다. 고객들은 많은 변화의 잠재력과 목표들을 가지고 오는데 예를 들면 다음과 같다.[6)]

-운동, 음악, 재정 관리, 대중 연설, 부모 역할, 리더십과 같은 영역에서 스킬 개발

6) 게리 콜린스(2011), pp. 43-44.

-열정을 발견하고 개발하기
-삶의 목적 찾기
-구체적인 목표를 설정하고 도달하기
-미래에 대한 명확한 비전 세우기
-인생, 사업에 대한 사명 선언서 만들기
-변화를 효과적으로 관리하기
-사람들과 효과적으로 관계 맺기
-명확한 가치관 발견하기
-의사소통 기술 습득하기
-업무 능력 평가하기
-난관 헤쳐 나가기, 정체에서 벗어나기, 전진하기
-다르게 생각하고 보는 법 배우기
-실행력 확장하기
-머뭇거리게 하는 행동과 부정적 생각 버리기
-더 좋은 팀 꾸리기
-자신감 세우기
-하고 있는 일에서의 의미 찾기
-위험을 감수하는 용기 찾기
-책임지는 것 배우기
-보다 많이 성취하는데 필요한 도구, 지원, 책임감 계발하기
-보다 집중해지고, 보다 유능해지고, 보다 빨리 목표를 달성하는 역량 갖추기

이러한 예에서 코치가 다른 사람들을 도우려면, 자신의 고객을 알고, 관계를 세워가며, 고객의 현 상태를 파악하고, 목표를 명확하게 해야 한다. 실행하고, 피드백하고, 성찰하는 동안 코치와 고객은 파트너십을 갖고, 지속적인 협력관계를 가져야 한다.

코칭이 왜 그토록 특별하며 많은 사람들이 절실히 원하는지 그 이유를 이언 맥더모트(Ian McDermott)와 웬디 제이고(Wendy Jago, 2007: 48-58)에서는 다음과 같이 9가지로 설명하고 있다.

① 내용보다 과정에 집중하도록 도와준다.
어떤 일이, 누가, 언제, 왜 그랬는지보다는, 바람직한 혹은 바람직하지 못한 현상이 '어떻게' 발생하는가를 이해하고, 이를 바로잡는 것에 초점을 둔다. 성공 혹은 실패의 과정을 안다면, 바꾸어야 할 부분을 알 수 있다.

② 과정이 투명하다.

③ 고객을 자기 탐구, 자기 발견, 자기 결단으로 이끈다.
코칭은 고객이 저마다 특별한 존재이며, 오직 당사자만이 자신에게 효과적인 방법을 찾아낼 수 있다고 가정한다. 어떤 변화든지 고객의 필요에 맞게 이루어지도록 자기를 성찰하게 한다.

④ 고객이 스스로 문제를 해결해 나가도록 돕는다.
질문을 통해 고객이 탐구와 발견으로 이르게 되면, 고객은 스스로 답을 하게 되고, 이 대답은 자발적 문제 해결의 출발점이 된다.

⑤ 문제를 해결하면서 얻은 경험을 다른 차원에서도 활용할 수 있다.
개선이나 문제 해결을 목표로 코칭을 시작하지만, 좋은 코칭은 목표한 문제를 넘어서 더 긍정적인 결과를 가져온다. "이것으로 또 무엇을 할 수 있을까?" 등의 질문을 통해 더 높고 넓은 차원의 성장을 가져온다.

⑥ 목표를 달성하기 위한 필요한 덕목을 기르게 해준다.
좋은 코칭은 목표 달성을 위한 특정 목록의 확인에서 그치지 않고, 반성, 탐구, 질문 등을 통해, 더 깊은 수준에서 목적성을 탐구하고 진전시킨다.

⑦ 자기 안의 무한한 가능성을 발견할 수 있게 해준다.
고객을 신뢰하며, 고객의 성장을 기대하는 코칭 분위기 속에서, 고객은

새로운 통찰, 진정한 발견 등을 경험하게 되고, 이는 기대치 달성을 몇 단계 뛰어 넘는 도약을 이루기도 한다.

⑧ 고객의 무의식 속에 내장된 지식과 자원을 활용할 수 있도록 해준다.
내면적 탐색으로 이끄는 질문들, 반성과 숙고의 여지를 주는 시간, 심리적 상태 변화를 인지하고 관찰하게 하는 격려와 반응 등은 모두 고객의 무의식을 열게 한다.

⑨ 고객의 행동을 통해 코칭의 성공 여부를 판단할 수 있다.
코칭에서 고객은 과정과 결과를 통제하고 주인의식을 갖는다. 목표 해결 뿐만 아니라, 숲 전체를 볼 수 있고, 책임감과 자신감을 갖게 된다. 자신을 관리하는 이러한 과정을 통해 고객은 목표 달성을 넘어 자신의 자세와 행동이 달라짐을 느낄 수 있다.

한국코치협회(KCA)에서는 코칭을 받는 경우를 아래와 같이 요약하고 있다.

-단시간에 도전적인 목표를 달성하는 것이 요구되는 경우
-지식과 스킬에 큰 차이가 있는 경우
-성과, 성적을 큰 폭으로 올릴 필요가 있는 경우
-새롭고 보다 무거운 책임의 직무를 맡게 된 경우
-인생에 큰 변화가 요구되는 경우
-자신의 강점을 발견하고 발휘하는 것이 필요한 경우
-생활을 보다 심플하게 할 필요가 있는 경우
-셀프 매니지먼트가 요구되는 경우
-자신의 삶을 업그레이드 하고자 하는 경우

개인적인 삶에서 뿐만 아니라 기업에서도 코칭이 빠르게 확산되고 있다. 현대 기업에서 코칭을 도입하는 이유는 다양하다. 상사가 해답을 갖고 있지

않고, 부하나 현장에서 해답을 찾아야 하는 시대적 환경에 따라, 스스로 해답을 탐구할 수 있는 직원 역량이 필요해졌다. 상사의 역할은 답을 내리기보다는 이러한 자율형의 직원 역량 개발을 지원하는 것으로 변하고 있는 것이다.

코칭은 경영자를 위해서도 필요하다. 최고의사결정자인 경영자는 항상 고독하다. 자신이 최종 결정을 내려야 하고, 그 결정은 조직 전체에 영향을 미치기 때문이다. 아무리 경험 많은 경영자라도 항상 자기 결정에 확신을 가지는 것은 아니다. 사안마다 시간과 환경이 다르기 때문이다. 경영자가 자신과 조직 발전을 위해 중요한 문제를 성찰하도록 도와줄 수 있을 만큼, 객관성과 지식과 거리 두기 능력을 가진 대화자를 현실에서 찾기란 거의 불가능하다.[7] 내부자는 이해관계 때문에, 외부자는 조직 내 상황에 익숙하지 않을 것 같아서 의논 상대로 꺼린다. 이 때 비즈니스 지식 및 경험과 코칭 기술을 가진 비즈니스 코치는 거울 공간을 제공하게 되고, 이 공간은 경영자가 자신을 표현하고 행동할 수 있는 실험실이 된다.

기업이 코칭을 도입하면 공통적으로 사풍이 향상된다. 지시명령형 커뮤니케이션에서 질문형 커뮤니케이션으로 커뮤니케이션 환경이 변화되고, X이론에 바탕을 둔 인간관에서 Y이론에 바탕을 둔 인간관으로 바뀌어 회사의 분위기가 따뜻하게 되고, 타인에 의해 움직이는 의존형 인재에서 스스로 갖춘 능력이나 가능성을 최대한 발휘할 수 있는 자아실현형 인재로 변모하여 회사가 활기찬 조직이 된다. 몇 가지 구체적인 도입 이유를 들어 보면 다음과 같다.[8]

-자립형·자아실현형 인재 육성
-전체적인 매니지먼트 능력 향상

7) 피에르 앙젤. 파트릭 아마르 지음(2012, p. 28)
8) 에노모토 히데타케(2004), p. 196.

-사원의 커리어 개발 지원
-기존 연수의 팔로우 업
-효과적인 직장내 훈련(OJT)의 실천
-조직적인 학습능력의 향상
-암흑지의 형식화
-문제발견, 해결능력 및 창조성 개발
-실적 향상 등

6) 코칭의 효과

코칭은 공식적 코칭이든 비공식 코칭이든, 경영자 코칭이든 라이프 코칭이든 모든 구성원에게 혜택을 준다. 좋은 코치는 고객이 현 상황을 정확히 진단하고, 목표를 분명히 하며, 더욱 집중력을 발휘하고, 더 편안한 마음을 갖도록 하는 탁월한 재능을 갖고 있다. 코치가 아니라 진짜 전문가인 고객으로부터 해답을 이끌어내는 코칭적인 접근법은 다음과 같은 이익을 준다.[9)]

-모든 것을 해결하고 모든 것에 해답을 알아야 한다는 강박관련으로부터 해방시킨다.
-영향력을 확대시킨다. 주변 사람들에게 무슨 일이 일어나고 있는지를 제대로 파악함으로써, 그들과 더 긴밀한 관계를 구축할 수 있도록 도와준다.
-무엇이 정말 중요한지를 이해할 수 있는 도구를 제공해 준다.
-스스로 생각하는 법을 배우게 하면서, 고객에게든 주변 사람에게든 자신을 발전을 위해 애쓰도록 막강한 도구를 제공한다.
-개인이나 팀의 사고를 단기적인 관점에서 장기적이고 발전적인 해결책으로 옮긴다.
-점진적인 변화의 힘을 갖게 한다. 오랜 시간에 걸친 꾸준한 향상을 통해

9) 이언 맥드모트. 웬디 제이고(2007), pp. 31-32.

누적된 변화는 엄청나다.
-팀 구성원으로 하여금 자신의 일이 어떻게 팀의 목표와 관련되는지 확실히 알게 한다.
-호기심을 유발하고 자유로이 의견을 주고받는 문화를 조성한다.
-개인에게 혹은 기업이나 고객에게 무엇이 중요한지 더 알아낼 수 있도록 해준다.

'측정될 수 없는 것은 관리될 수 없다'라는 말이 있듯이 경영에서 어떤 노력에 대한 결과의 측정은 필수이다. 경영은 계획(plan)→실행(do)→평가(see)의 과정이 반복되므로, 어떤 노력이든 결과에 대해 평가되고 피드백되어져야 한다.

그러나 코칭의 효과는 영업 매출의 증가, 비용의 감소, 결근율 감소 등과 같은 가시적인 효과도 있지만, 자신감 향상, 리더십 향상, 동기부여 증가 등과 같은 비가시적인 효과도 있다. 코칭의 효과를 정리하면 아래와 같다.[10)]

-목표설정과 생산성 향상
-종업원의 만족도 향상
-구성원간의 관계 증진과 직장생활의 질 향상
-동기부여 향상
-자기효능감의 향상과 행동변화 자극
-감독자나 관리자에 대한 신뢰 형성
-종업원의 창의적 사고 증진
-현직에서 자기 계발
-급변하는 환경에 유연하고 능동적으로 대처
-조직문화가 유의미한 방향으로 변화하는 촉매

10) 조성진(2008), 코칭ABC, p. 71

한편, 마샬 쿡(2003)도 좋은 코칭을 통해 아래 사항을 얻을 수 있다고 하였다.[11]

-직원들의 능력 개발을 도울 수 있다
-과업 달성 문제의 진단을 도울 수 있다
-과업 달성 문제의 해결을 도울 수 있다
-행동 문제의 진단을 도울 수 있다
-불만족스러운 행동을 교정하는 것을 도울 수 있다
-상생적인 협력관계를 촉진할 수 있다.
-적절한 지도와 상담을 제공할 수 있다
-고마움을 전달할 기회를 제공할 수 있다
-자기 코칭 행동을 촉진할 수 있다
-직원들의 성취도와 사기를 높일 수 있다

7) 코칭적 대화의 특징

코칭은 고객과 코치간 대화로 진행된다. 코칭대화는 일반적 대화와 어떤 차이가 있을까? 우선 대학에서 학생과 교수간 일반대화의 예를 들어 보자.

학생: (똑똑) 교수님, 지금 바쁘세요?
교수: 오, 어서 와. 지금은 괜찮아. 어쩐 일이냐?
학생: 제가 복학생 2학년인데요. 진로 때문에 고민이 많습니다. 교수님, 어떤 회사에 취업하면 좋을까요?
교수: 허허, 군대까지 다녀온 복학생이 자기 인생을 내게 물어보나? 그리고 이 세상에 수많은 회사가 있는데, 내가 어떻게 알고 자네에게 딱 맞는 회사를 추천할 수 있겠나? 자, 차분히 한번 생각해 보게.

11) 마샬 쿡(2003), 『코칭의 기술』, 서천석 옮김, 지식공작소. p. 2.

지금까지 자네는 자네의 인생을 위해 무엇을 준비했는가?

학생: 솔직히 별로 없습니다. 고등학교 때는 입시 준비만 했고, 대학 신입생 때는 선배들과 그냥 놀았습니다. 제대하고 2학년에 복학하고 나니 취업 걱정이 많은데, 어디서 시작해야 할지 모르겠습니다. 그냥 영어 토익과 컴퓨터 자격증 공부를 하고 있습니다.

교수: 자네 나이에 자신의 진로에 대해 진지하게 고민을 안했단 말인가? 아직도 누가 자네에게 정답을 주리라 기대하고 있나? 대학생이라면 스스로 자신의 미래를 개척할 수 있어야지. 자. 우선 자네의 적성은 어떤 쪽인가?

학생: 딱히 맞는 적성이 없는 것 같습니다. 경영학과이니까 사무직으로 가야 할 것 같은데, 좀 답답할 것 도 같고, 그렇다고 사람을 만나 영업하는 것도 쉽지 않을 것 같고...

교수: 그럼, 자네의 장점이나 특기는 무엇인가?

학생: 특별히 잘하는 것도 없습니다. 그냥 뭐 조금 조금씩 하는 정도입니다.

교수: 휴, 참 답답하네. 1학년 강의시간에 그렇게 많이 얘기하지 않았나. 이제 대학생이고, 대학생활이 인생에서 매우 중요하고, 이제는 성인이니까 스스로 자기의 인생을 헤쳐 나가야 한다고 얼마나 많이 얘기했었나.

학생: 죄송합니다. 솔직히 말씀 드리면 군대 가기 전에는 별 생각이 없었고요. 지금은 걱정은 되는데, 뭘 해야 할지 모르겠어요. 그래서 우선 토익과 컴퓨터 자격증부터 취득해 놓고, 방학 때 영어 연수도 한번 가 보려구요.

교수: 그 정도야 다른 학생들도 다 하지 않겠나? 요즘 취업이 어렵다는데, 그런 자세와 준비로 제대로 된 기업에 취업할 수 있겠나? 학생, 정신 바짝 차려야 해. 지금은 진짜 취업 준비에 집중해야 돼. 만약 대학 졸업하고도 취업을 못하면 부모님께서 뭐라고 하시겠나? 결혼은

할 수 있겠어?

학생: 그러게 말입니다. 요즘 정규직 취업이 너무 어렵다는데... 정부가 대졸 취업을 위해 좀더 신경 써야 하는 거 아닌가요?

교수: 학생, 정부 탓을 왜 하는가? 내가 대학 졸업할 때도 불경기고 취업이 안 된다고 난리였어. 그래도 열심히 한 학생은 다 취업하더라. 잘 되고 못 되고는 본인에게 달려 있는 거야. 지금부터라도 목표를 세우고 열심히 해봐.

학생: 예, 그렇게 하겠습니다. 그런데, 갈수록 자신이 좀 없어집니다. 걱정입니다.

교수: 걱정만 하지 말고, 마음 독하게 먹고, 새로운 각오로 해봐. 세상은 경쟁이야. 경쟁에서 지면 낙오야. 이겨 살아남아야 돼. 난 조금 후 회의에 들어가야 하니까 오늘은 여기까지 하자.

학생: 예, 고맙습니다. 생각해 보고 다음에 또 찾아뵙겠습니다.

교수: 그래, 한번 고민해 보고 다시 얘기하자.

위와 같은 상담을 마치고 돌아가는 학생은 어떤 느낌일까? 기운이 빠지고, 야단만 맞은 것 같고, 여전히 취업 걱정은 그대로이고, 뭔가 새 각오로 하기는 해야 할 것 같은데 어디서 해야 할지에 대해 상담 후에도 잘 모르겠다는 느낌이 들지 않을까?

같은 상황에서 코칭적 대화는 어떻게 될까?

학생: (똑똑) 교수님, 지금 바쁘세요?

교수: 오, 길동아, 어서 와. 지금은 괜찮아. 오랜만이네. 아, 제대하고 복학했구나. 훨씬 씩씩해졌고 어른스러워졌네. 군대서 고생 많았지? 제대 축하한다. 그래 오늘 무슨 일로 왔지?

학생: 제가 복학생 2학년인데요. 진로 때문에 고민이 많습니다. 교수님, 어떤 회사에 취업하면 좋을까요?

교수: 그래, 군대까지 갔다오고 나니, 완전히 성인이 된 것 같고, 취업 준비도 해야겠고, 이런 저런 걱정이 많지? 그래, 자네는 어떤 회사에 취업하면 좋을지 조금이라도 생각해 본 것은 있는가?

학생: 솔직히 별로 없습니다. 고등학교 때는 입시 준비만 했고, 대학 신입생 때는 선배들과 놀았습니다. 제대하고 2학년에 복학하고 나니 취업 걱정이 많은데, 어디서 시작해야 할지 모르겠습니다. 그냥 영어 토익과 컴퓨터 자격증 공부를 하고 있습니다.

교수: 그래, 우리나라의 많은 학생들이 입시 공부하느라, 정작 자기 인생에 관한 고민은 못한 학생들이 많지. 취업 걱정을 한다는 건 자네가 자네의 인생을 진지하게 생각하기 시작했다는 거야. 군대 갔다 오니 철이 많이 들었네. 하하.

자, 우선, 자네에게 취업은 어떤 의미가 있는가? 취업을 통해 무엇을 얻으려고 하는가?

학생: 그야 당연히 우선, 경제적 자립이겠지요. 저희 집도 넉넉하지 않아 대학 졸업하면 제 밥벌이는 제가 해야 하거든요.

교수: 그렇지. 경제적 자립 외에 또 어떤 의미가 있는가?

학생: 음, 뭐 자신의 꿈을 실현하는 것 아닐까요? 대부분의 사람들이 직장에서 많은 시간을 보내고, 직장에서의 일을 통해 자신의 꿈을 이루고 싶어 하는 것 아닐까요?

교수: 다른 사람들의 생각이 아니라 자네의 생각을 묻는 걸세. 자네는 취업을 통해 무엇을 얻으려고 하는가?

학생: 예, 뭐 저도 같은 생각입니다. 취업을 통해 제 꿈을 이루고 저도 성장하고 싶어요.

교수: 일을 통해 경제적으로 자립을 하고, 자네의 꿈도 이루려고 하는군. 좋아. 그럼, 자네 인생에서 이루고 싶은 자네의 꿈은 무엇인가?

학생: 글쎄요. 제가 아직 꿈이 없습니다. 딱히 뭐가 되고 싶은 게 없어요. 저희 집도 부자가 아니고, 제가 공부를 썩 잘하는 것도 아니고, 운

동이나 예능에서도 특별한 재능이 없구요.

교수: 길동아, 과거의 성적이나 현재의 조건을 생각하지 말고, 만약에 자네가 돈, 시간, 재능 등 모든 자원을 가지고 있다면, 자네의 인생에서 정말 하고 싶은 게 무엇인가?

학생: 글쎄요. 만약 제가 집이 부자고, 머리도 똑똑하다면, 세계 여행도 가고 싶고, 큰 기업의 CEO도 되고 싶고, 멋진 집도 사고 싶고, 아름다운 여자와 결혼도 하고 싶어요.

교수: 그러한 꿈을 이룬 20년 후의 자신을 상상해보게. 기분이 어떤가?

학생: 정말 신날 것 같습니다. 사는 게 자신 있고 당당할 것 같습니다.

교수: 그러한 꿈이 이루어지려면, 무엇이 가장 중요할 것 같은가?

학생: 아무래도 제가 하는 일에서 성공해야겠지요. 일에서 성공하면, 돈도 벌고, 꿈도 이루고, 모든 것을 다 할 수 있겠지요.

교수: 그렇지. 자네가 하는 일에서 성공하는 것이 중요하지. 그렇다면 자네는 어떤 일을 하고 싶은가?

학생: 글쎄요. 그것을 아직 잘 모르겠습니다. 그래서 지금 상담하고 있구요.

교수: 자네가 어떤 일을 하고 싶은지를 알려면 무엇을 알아야 할까?

학생: 아무래도 제 적성을 알아야겠지요. 누구나 자기 적성에 맞는 일을 해야 일이 즐겁지 않을까요?

교수: 그럼, 자네의 적성은 어떠한가?

학생: 글쎄요. 뭐 저도 딱히 제 적성이 뭔지 잘 모르겠습니다.

교수: 그래, 자신의 진로를 찾는 것은 결코 쉽지 않은 일이야. 자신의 진로를 찾으려면, 자신이 누구인지, 자신의 꿈이 무엇인지, 적성이 어떤 쪽인지, 자신의 장점과 단점은 무엇인지, 자신의 현재 상황은 어떤지 여러 가지를 고려해야지.

자. 길동아, 진로를 찾는 긴 여정을 자네는 이제 막 시작하려 해. 시작이 반이라는 말도 있잖아. 이 여정을 시작하는 것을 축하해.

나도 최대한 돕고 싶어.

학생: 예 말씀만으로도 고맙습니다.

교수: 곧 회의가 있어 오늘은 이 정도에서 끝내고자 해. 다음 주 이 시간에 시간 괜찮을까?

학생: 예, 저도 좋습니다.

교수: 그럼, 자네의 진로를 찾기 위해 자네의 적성 탐색이 중요한데, 다음 일주일까지 어떻게 탐색해 볼 수 있을까?

학생: MBTI 같은 성격 검사도 받아보구요. 지난 시절 동안 내가 무엇을 할 때 행복했는지 한번 생각해 보겠습니다.

교수: 그래, 학생상담센터, 교수학습지원센터 등 학교에 관련 지원부서가 있으니까 각종 검사도 받아보고, 자신에 대해 한번 깊이 생각해 보렴. 진로결정 관련 도서도 한 번 찾아보고. 길동이 자기 인생에 걱정하는 거 보니 군대 가서 철이 제대로 들었네. 하하.

자, 오늘, 나와 상담을 하는 동안 무엇을 느꼈는가?

학생: 막연히 걱정만 하고 있었는데, 교수님과 상담을 하고 나니, 걱정만 할 게 아니라 행동을 해야 할 것 같다는 생각이 듭니다. 우선 적성 검사부터 받아보겠습니다.

교수: 그래, 자신의 인생을 걱정하는 마음을 가졌다는 것이 벌써 꿈을 향해 출발했다는 것일세. 또한 막연한 걱정보다, 조언을 구하고, 할 수 있는 것부터 행동으로 부딪쳐 보며 생각하는 게 좋지. 나도 최대한 도울테니 나와 함께 고민해 보자꾸나. 다음 주에 보세.

학생: 예, 감사합니다. 교수님과 상담하고 나니 마음이 좀 가벼워졌습니다. 여러 성격 검사와 저의 내면에 대해 한번 깊이 생각해 보고, 다음 주에 뵙겠습니다.

이렇게 상담을 끝내고 복도에 나온 학생의 느낌은 어떨까? 회사 추천은 못 받았지만, 왠지 할 수 있다는 기운이 나고 당장 뭔가 해야겠다는 생각이

들지 않을까? 교수는 학생 이름을 불러주며 제대를 축하해 주고, 취업 걱정에 공감을 해주고, 학생을 야단치지 않고, 격려하고, 긍정적 태도를 보여주었다. 지시하지 않고, 취업 의미, 꿈, 일, 적성 등에 관해 계속 질문했고, 학생의 의견을 들어주고, 함께 고민하고 돕고자 하였다. 다음 약속과 그 때까지 할 일에 대해 논의했고, 상담에서 어떤 성찰이 있었는지 질문하였다.

이상에서 일반적 대화와 코칭적 대화의 사례를 살펴보았다. 두 대화의 차이점을 정리해 보면 다음 표와 같다.12)

〈표 1-2〉 일반적 대화의 특징

전반적인 특징	구체적인 스킬 특징
- 말을 많이 한다. - 훈계, 지시 형태이다. - 일방적이다. - 부정적이다. - 감정적이다. - 답을 제시한다.	- 질문보다 자기 말을 많이 한다. - 닫힌 질문을 한다. - 보여주려고 하는 질문을 한다. - 다그친다. - 충고한다. - 다음 만날 약속을 하지 않는다.

〈표 1-3〉 코칭적 대화의 특징

전반적인 특징	구체적인 스킬 특징
- 많이 듣는다. - 상호적이다. - 존중한다. - 같은 편이다. - 배려한다. - 가능성을 찾는다.	- 열린 질문을 한다. - 적극적으로 경청한다. - 칭찬, 인정을 한다. - 호응하고, 공감한다. - 구체적인 실행계획을 묻는다. - 다음 일정을 정한다.

〈성찰과 실습 공간〉

- 내가 사는 목적은 무엇인가?
- 인간의 변화는 어떤 단계를 거치는가?

12) 이소희 외(2014), p. 122, p. 125

- 현대의 리더십은 어떤 특징을 갖고 있는가?
- 진정한 변화는 어떻게 오는가?
- 우리의 삶에서 코칭이 필요한 이유는 무엇인가?
- 기업에서 코칭을 도입하는 주된 이유는 무엇인가?
- 코칭의 효과는 무엇인가?
- 코칭대화는 일반대화와 무엇이 다른가?

2. 코칭이란 무엇인가?

1) 코칭의 정의

코칭의 가장 기본적인 개념은 '현재 상태에서 바라는 미래의 상태로 이동'을 도와준다는 것이다. 이러한 이동이 가능하도록 고객의 선택과 행동을 지원한다.

코칭은 시대환경의 변화에 따른 '문제해결의 지혜'이자 '효과적인 인간관계 기술'이며 '리더십의 새로운 트렌드'이다(신호주 외, 2010: 127).

조성진(2008: 62)은 여러 코칭에 관한 정의를 살펴본 후 코칭의 3가지 핵심 가치로 성장, 임파워먼트(impowerment), 쌍방향 커뮤니케이션을 들었다. 코칭은 고객의 성장과 발전을 지향하는 프로세스이며, 고객에게 자율성과 책임감이 부여되도록 임파워먼트를 하며, 고객과 코치가 대등한 관계에서 목적을 가진 쌍방향 대화를 이어간다고 하였다.

코칭의 개념을 명확하게 이해하기 위해서는 코칭의 정의를 살펴볼 필요가 있다. 그렇지만, 코칭에 대한 정의는 매우 다양하며, 코칭을 어떤 시각에서 바라보고, 어떤 측면을 강조하느냐에 따라 다르게 정의되어진다. 다음의 표에 정리된 몇몇 주요 코칭 정의들이 각각 어떤 측면을 강조하였는지 살펴보고 나서, 각자 나름대로의 코칭 정의를 내려보는 것이 좋을 것 같다.

〈표 1-4〉 코칭의 정의[13)]

저자	코칭 정의
티모시 골웨이(2002)	성과를 극대화하기 위해 묶여 있는 개인의 잠재능력을 풀어주는 것이고, 스스로 배우도록 도와주는 것.
게리 콜린스(2004)	한 개인이나 그룹을 현재 있는 지점에서 만족스러운 지점까지 나아가도록 인도하는 기술이자 행위
에노모토 히데타케(2004)	개인의 자아실현을 서포트하는 시스템
로버트 하그로브(2006)	개인과 조직, 그리고 그들의 세계를 변화시킬 수 있는 사람들의 능력을 확장시키고, 사람들의 비전과 가치에 영향을 주며, 그들이 달성해야 하는 것을 성취할 수 있도록 존재, 사고, 행동을 재창조하는데 있어 강력한 지원을 제공하는 파트너십
이언 맥더모트와 웬디 제이고(2007)	사람들의 관심사나 재능, 환경 그리고 잠재력에 관련해 더 효율적으로 스스로를 주도하고 관리하는 방법을 배우도록 지원하는 상호적이면서도 집중적인 훈련 방식
밥 월(2007)	업무성과를 향상, 유지, 개선, 수정하기 위하여 체계적으로 디자인된 대화 형태
국제코치연맹(ICF)	창조적이면서 생각을 불러일으키는 프로세스 안에서 고객과 파트너가 되어, 개인적 및 직업적 가능성을 극대화시키기 위해 고객에게 영감을 주는 것. partnering with clients in a thought-provoking and creative process that inspires them to maximize their personal and professional potential.
Corporate Coach University	코치와 발전하려고 하는 의지가 있는 개인이 잠재능력을 최대한 개발하고, 발견 프로세스를 통해 목표설정, 전략적인 행동, 그리고 매우 뛰어난 결과의 성취를 가능하게 해주는 강력하면서도 협력적인 과정
한국코치협회(KCA)	개인과 조직이 잠재력을 극대화하여 최상의 가치를 실현할 수 있도록 돕는 수평적 파트너십
	고객의 현재 상태에서 목표 상태에 도착하도록 함께하는 보다 개인화된 서비스

이렇게 코칭에 관한 정의가 다양하지만, 이 정의들에서 많이 언급되는 공통 키워드를 뽑아 보면 다음과 같다.

코칭의 목적 부분: 자아실현, 변화, 성장, 성과, 능력, 성취, 가치

코칭의 방법 부분: 개인의 잠재능력 개발, 학습, 훈련, 긍정적 접근, 기술, 행위, 서포트 시스템, 파트너십, 개인화된 서비스

13) 조성진(2008, p. 60)에서 일부 참조

이들의 키워드를 모아보면, 코칭은 개인 및 조직이 바라는 어떤 목표를 달성하도록 지원하는 시스템임을 알 수 있고, 실제 코칭에서는 고객의 자기인식(self awareness)을 확장시키고 전환시키기 위해 다양한 대화기법을 사용하고 있다. 그래서 여기서는 코칭을 아래와 같이 정의하였다.

"코칭이란 자기인식의 확장과 전환을 통해 개인의 자아실현과 조직의 목표달성을 지원하는 파트너십"

2) 코칭의 역사

(1) 코치의 어원

코치coach란 단어는 헝가리의 코치(Kocs)라는 지방의 이름에서 왔다. 이곳에서 15세기경 최초로 코치(kocsi)라고 불리는 마차가 발명되었으며, 영국에서 옛날에는 마차를 뜻했고, 지금도 택시를 부르는 단어로 사용되기도 한다(조성진, 2008: 43). 1880년경부터 스포츠에서 광범위하게 사용되었고, 오늘날 우리가 알고 있는 코치라는 단어는 대부분 스포츠 분야의 코치를 말한다.

(2) 현대코칭의 기원[14)]

1975년 하버드대 교육학자이자 테니스 전문가인 티모시 골웨이(Timothy Gallway)가 테니스 이너게임(inner game)에서 얻은 경험을 통해, "선수가 테니스를 잘 하게 하려면 코치가 기술적이고 상세한 지시를 하는 것보다는, 선수 자신의 내면적 정신에 집중하도록 돕는 것이 더 효과적이다."라고 하였다. 그로부터 지도를 받은 사람들이 회사 생활에 적용하였고, 존 휘트모어(John Whitmore)는 이 이너게임을 유럽에 소개하고 1996년 『성과를 위한 코칭』을 저술하였다.

14) 2017.3.17.(http://kcoach.or.kr/02guide/guide02.html)

스포츠 분야에서 널리 이용되었던 코칭이 1980년대부터 스포츠 영역에서 벗어나 일반인의 삶과 비즈니스 영역으로 진입하게 된 것은 현대 코칭의 아버지라 불리는 토마스 레너드(Thomas J. Leonard) 이후라고 할 수 있다. 재무설계사였던 토마스 레너드는 재무컨설팅을 하면서 고객 삶의 여러 가지 문제를 해결해주다가 자신의 역할이 스포츠 분야의 코치와 유사함을 알게 되었고, 1992년 Coach U라는 회사를 설립했다. 같은 해 공인회계사 로라 휘트니스(Laura Whitworth)가 코치 훈련원을 설립하여 현대 코칭 산업이 발전되기 시작하였다.

1980년대 중반부터 미국을 중심으로 기업이 코칭을 도입하기 시작하였고, 유럽으로 전파되어 나갔으며, GE, IBM 등과 같은 글로벌 기업들이 코칭을 기업 경영에 접목하기 시작하였다.

1995년 국제코치연맹(ICF: International Coach Federation)이 설립되었으며, 전 세계 70여개국 이상에 지부를 둔 세계 최대의 비영리 전문 코치 협회로 발전했다.

2003년에는 토마스 레너드가 국제코치협회(IAC: International Association of Coaching)를 창설하였으며, 국제비즈니스코치협회(WABC: Worldwide Association of Business Coaches)도 활동을 해오고 있다.

우리나라는 2000년대 초반에 리더십 관련기관에서 코칭이 도입되었으며, 2003년 국제코치연맹 한국 지부와 한국코치협회가 설립되었다. 현재는 대다수의 대기업이 코칭을 기업경영에 적극 활용하고 있으며, 이제는 기업 영역을 넘어, 교육, 결혼, 양육 등 다양한 분야에서 코칭의 기법이 적용되고 있고, 학교, 공공기관, 병원 등과 같은 비영리기관도 적극 활용하고 있다. 또한 코치도 당당하게 하나의 직업으로 인정되고 있다.

한국코치협회는 2003년도에 결성되었고, 코치자격인증, 코칭 프로그램 인증, 대학 코칭 교육 확산, 공공기관 및 기업의 코칭 문화 확산 등의 사업을 하고 있으며, 2004년부터 해마다 대한민국코치대회를 개최하여 코칭의 이론 연구와 사례를 나누고 있다.

국내 몇몇 대학원 과정에서 코칭 도입이 확산되고 있는데, 남서울대학교 코칭학과에서 코칭 석사를 배출하고 있고, 국민대학교와 아주대학교에서는 코칭MBA를 운영하고 있다. 이 밖에도 광운대학교, 백석대학교, 숙명여자대학교, 연세대학교, 제주대학교, 서강대학교에 코칭관련 전공이 운영 중에 있고, 경영자과정과 평생교육원에 더 많은 코칭 교육이 실시되고 있다.

한국코치협회 뿐만 아니라, 코칭교육과 코칭 비즈니스를 현장에서 활발하게 펼치는 다수의 코칭기업들이 한국의 코칭 산업을 주도하며, 코칭의 확산에 노력하고 있다.

3) 코칭의 철학

코칭에는 다양한 스킬들이 있지만, 이보다 더 중요한 것은 코칭이 하나의 특정한 사고방식이라는 것이다. 이 코칭의 기본 철학을 이해하지 않으면, 코칭이 깊어질 수 없다.

코칭 철학의 기본에는 인간이 있다. 인본주의를 근본으로 하고, 인간의 보다 나은 미래를 위한 노력에 초점이 맞추어져 있다.

국제코치협회(ICF)에서도 모든 사람을 온전하고, 해답을 내부에 가지고 있고, 창의적인 존재로 본다. 한국코치협회(KCA)도 고객 스스로가 자신의 사생활 및 직업생활에 있어 그 누구보다도 잘 알고 있는 전문가로서 존중하며, 모든 사람은 창의적이고, 온전하고자 하는 욕구가 있으며, 누구나 내면에 스스로 해결할 수 있는 자원을 갖고 있다고 믿는다.[15)]

(1) 에노모토 히데타케의 코칭 철학

코칭 공부를 조금이라도 배운 사람은 누구나 알고 있고, 가장 많이 언급되는 에노모토 히데타케의 코칭 기본 철학 3가지를 보자.

---

15) 2017.3.13., http://www.kcoach.or.kr/02guide/guide01.html

제1철학 : 모든 사람에게는 무한한 가능성이 있다.

제2철학 : 그 사람에게 필요한 해답은 모두 그 사람 내부에 있다.

제3철학 : 해답을 찾기 위해서는 파트너가 필요하다.

〈그림 1-3〉 에노모토 히데타케(2004, p. 63)

첫 번째 철학은, 모든 사람에게는 무한한 가능성이 있다라는 것이다. 자, 지금 당신은 솔직히 고백해서 정말 이것을 믿는가? 인간의 능력은 무한하다는 말은 많이 들었지만 정말로 믿는 사람은 많지 않을 것이다.

그러나 코칭에서 코치가 고객은 무한한 가능성의 존재라는 것을 믿지 않는다면, 고객의 발전 가능성에 대한 믿음을 확고히 가질 수 없다. 코치가 고객의 능력이 한정되어 있다고 믿는다면, 고객의 발전 가능성에 대한 절대적 믿음이 부족하다면, 고객의 자아실현을 적극적으로 지원할 수 있겠는가? 고객이 더 발전하도록 진심으로 믿고, 격려하고, 동기부여할 수 있겠는가?

경영학자 맥그리거(D. McGregor)의 'X이론과 Y이론'에서 코칭은 Y이론, 즉 인간은 조건만 갖추어지면 자발적으로 일을 한다는 인간관을 갖고 있다. 채찍과 당근으로 통제하는 것이 아니라, 부하를 진정으로 신뢰하며, 부하 스스로 일을 하도록 해줘야 한다는 것이다. 코칭에서는 이 Y 인간관에 입각하며, 부하를 신뢰하고, 부하 스스로 자아실현을 할 수 있고, 부하가 지금 하는 노력보다 더 이상의 능력이나 가능성을 가지고 있다고 전제한다.

두 번째 철학은 그 사람에게 필요한 해답은 그 사람 내부에 있다는 것이다. 코칭은 자아실현을 지원해 주는 것이다. 자아실현이란 '자신이 본래 지닌 능력이나 가능성을 최대한 발휘하는 것'이다. 이 자아실현을 하게 하려면 어떻게 해야 할까?

자아실현을 위한 해법은 자신의 내부에 있다고 믿어야 한다. 만약 자아실현을 위해 필요한 해답이 자신에게가 아니라 다른 사람에게 있다고 믿는다면 그 사람은 어떻게 행동할까? 다른 사람에게 끊임없이 의존하고 지시나 명령을 기다릴 것이다. 부모나 선생님, 직장상사를 바라보고, 그들이 말하는 대로 행동하면 그 사람이 자아실현을 이룰 수 있을까? 바로 이 '자아'를 실현하기 위해서는 바로 자신의 뜻이 가장 중요하고, 무엇을 해야 하는지도 자신에게 달려 있다. 사실 나를 가장 잘 알고 있는 사람은 다른 사람이 아니라 바로 나 자신 아닌가? 내가 처한 현실을 가장 잘 알고, 가장 많이 고민했고, 최종적으로 결정내리고 실제로 실행할 사람도 바로 나 자신이다. 어떤 사람도 내 인생을 대신 살 수 없으며, 내 인생을 어느 누구도 평가할 수 없다. 오직 나만이 내 인생의 주인이다.

따라서 고객이 부딪친 문제의 해답은 고객 내부에서 찾아야 하며, 결코 타인의 견해나 기준으로 답을 결정할 수 없다. 설혹 타인의 조언을 들었다 해도 결국 내 마음 속의 기준과 비교해서 동의하고 받아들여서 해답으로 삼는다면 그것 또한 나의 결정이다.

세 번째 철학은 고객의 답을 찾기 위해서 파트너가 필요하다라는 것이다. '해답은 고객 내부에 있다'라는 두 번째 철학을 사람들은 대부분 자각하지 못하고 외부에서 답을 찾는다. 외부에서 답을 찾으려고 할 때 고객의 의식은 외부로 향해 있다. 이 외부로 향한 의식을 내부로 향하게 해야 하는데, 이는 고객에게 질문을 던짐으로써 돌릴 수 있다. 질문에는 의식을 내부로 향하게 하는 힘이 있고, 의식이 내부를 향해야만 고객 내부의 답을 찾을 수 있다. 이 질문을 줄 수 있는 파트너, 즉 코치가 필요하다.

"우리가 직면한 중요한 문제들은 우리가 문제를 만들었을 때와 동일한 수준의 사고방식으로는 풀리지 않는다."고 천재 물리학자 알버트 아인슈타인(A. Einstein)은 말하였다. 패러다임의 변화를 강조한 얘기이다. 인간은 각자 나름대로의 사고 상자를 갖고 있으며, 부딪친 문제의 해결은 이 상자를 벗어난 사고, 즉 '상자 밖의 사고(Thinking outside the box)'를 해야 한다는 것이다. 이 때 스스로 자신의 사고의 틀을 깨기가 쉽지 않다. 누군가 도와줄 사람이 필요하다. 코치가 이 역할을 한다.

우리 인간은 위대하면서도 때로는 나약한 존재라서, 누군가 격려해 주고, 박수쳐 주고, 힘이 되어줄 사람이 필요하다. 어릴 때는 부모님이 필요하고, 배울 때는 선생님이 필요하고, 어른이 되었을 때도 배우자가 필요하다. 돈이나 지식이 필요할 때도 있지만, 그냥 옆에 있어서 지켜봐 주고, 내 상자 안의 사고를 넓게 확장시켜 주고, 다른 시각을 보여줄 수 있는 사람이 필요하다. 코칭에서는 전문적인 교육을 받고 트레이닝을 받은 코치가 이 역할을 해준다.

(2) CCU의 코칭 지배 원칙[16)]

코칭에서 목표를 향해 나아가기 위해서는 기본적으로 명심해야 할 원리가 있다. 이 원리는 코칭의 철학을 기본바탕으로 삼으며, 코칭을 성공적으로 이끌어주는 가이드의 역할을 한다.

토마스 레오나드(Toman J. Leonard)가 세운, 미국의 글로벌 코치양성 전문 기관인 CCU(Corporate Coach University)에서는 코칭의 기본 원칙으로 다음 9가지를 제시하고 있다.

원칙 1: 사람들은 공통점이 있다.

-우리는 자기 자신과 다른 사람들을 사랑하고, 존중하고, 소중하게 여김으로써 존재의 공통 기반으로 돌아간다. 사람들은 강력한 사명과 공유된 비전을 통해 결합된다.

원칙 2: 사람들은 호기심이 강하다.

-궁금증, 호기심, 탐구는 모든 학습의 근원이다. 호기심을 북돋우는 조직은 학습과 창의력을 촉진한다.

16) CEP, p. 81, 한국코칭센터

원칙 3: 사람들은 기여한다.

-목적에 기초한 기여는 진정한 충족감을 가져온다. 조직이 개인의 기여를 인정하면 모든 계층에서 그들은 리더로 성장한다.

원칙 4: 사람들은 서로 연결되었을 때 성장한다.

-연결은 창조력의 샘이다. 협력은 사람들의 강점을 키우고 혁신적 해결방안을 낳는 통로이다.

원칙 5: 사람들은 가치를 추구한다.

-경청할 때 언제라도 가치에 접근할 수 있다. 말 뒤에 숨은 뜻을 읽을 때, 사람을 중시하는 분위기가 확산된다.

원칙 6: 사람들은 자기 이해(self-interest)에 따라 움직인다.

-다른 사람들의 이익도 존중해 주면서, 자신의 이익이 되는 방향으로 행동하고 선택해야 한다. 자기 이익과 자기 책임이 연결되어야 관계가 향상된다.

-사람은 누구나 자기의 이익을 좇아 행동한다는 것을 받아들일 때, 타인을 더 이해하고 받아들이게 되며, 윈윈(win-win) 상황을 추구할 수 있다.

원칙 7: 사람들은 자기 인식대로 살아간다.

-사람들은 누구나 자신의 필터를 통해 현실을 인식한다는 것을 인정하면, 효과적인 소통이 가능하고, 긍정적 행동의 기반을 구축할 수 있다.

원칙 8: 사람들은 선택권을 갖는다.

-시각/관점 전환은 의식을 확대시키고, 이 의식은 새로운 선택방안을 표출시킨다.

원칙 9: 사람들은 스스로 자신의 성실성(integrity)을 규정한다.

-소명과 행위가 일치하면 성실성이 생긴다. 개인의 성실성은 조직의 사명, 비전, 가치와 자신의 그것을 지속적으로 일치시킬 때 나온다.

4) 코칭의 이론적 배경

1980년대 이후에 확산된 코칭은 타 학문에 비해 비교적 짧은 역사를 갖고 있고, 아직 학문의 체계성이 부족하기 때문에, 코칭에 영향을 미친 이론적 배경을 정리하는 것이 쉽지는 않다.

스테인(I. F. Stein, 2003)은 코칭 나무를 그리고, 열매로는 경영자 코칭, 성과 코칭, 팀 코칭, 조직 코칭, 영성 코칭, 다양한 학문 분야들의 코칭, 변혁적 코칭, 라이프 코칭을 들었고, 이 나무의 뿌리로는 교육, 심리치료, 의사소통연구, 자기계발 운동, 사회 시스템 이론, 운동 동기, 성인발달이론, 전인운동, 경영과 리더십의 9개를 들었다.

이소희 외(2014)는 조직이론, 인간관계운동이론, 상황이론, 구성주의이론, 심리치료이론, 인본주의이론을 코칭의 이론적 배경으로 언급하였다.

코칭의 이론적 배경에 대해서는 명확한 줄기가 있다라기보다는, 기존의 다양한 분야에서 발전되고 융합되었다고 보는 것이 타당하며, 인본주의에 입각한 철학, 심리학, 경영학, 체육학, 언어학 등이 큰 역할을 했다고 보여진다. 여기에서는 이러한 이론들의 체계적인 정리 구분보다는 주요한 영향을 미친 이론들을 중심으로 간략히 살펴보고자 한다.

▶ 인본주의

인본주의(humanism)[17]는 인간 존재와 인류 사회의 존엄을 중시하는 인간중심적 사상, 또는 이러한 사상에 근거하여 인간을 가장 우선적인 가치로 여겨야 한다는 정치 이념을 뜻한다. 인문주의, 인간주의, 인도주의, 휴머니즘

17) 2017.12.5., https://femiwiki.com/w/%EC%9D%B8%EB%B3%B8%EC%A3%BC%EC%9D%98

이라고 하기도 한다. 르네상스 시기, 신본주의에 반대하며 등장하였다.

임상이나 상담 분야에서 큰 영향력을 떨치던 정신분석학의 인간에 대한 비관적 관점과 일반 심리학 분야에서 위세를 떨치던 행동주의의 기계적이고 수동적인 인간관에 반대하며 인간의 긍정적이고 적극적인 측면, 즉 성장과 자기실현, 창의성 및 사랑과 같은 주제들에 깊은 관심을 보인다.

7세기에는 합리적 과학주의와 결부되었고 과학주의와 인본주의가 결합해 18세기의 계몽주의를 만들었다. 혁명 이후 근대는 인본주의의 시대로 불릴 만큼 사상으로서 영향력이 커졌다.

인본주의 인간관에서는 인간을 근본적 존엄성을 지닌 존재로 본다. 인간은 외부의 힘보다는 자유의지를 갖고 성장과 자아실현을 추구하는 능동적인 존재이다. 외부적 조건만 충족된다면 인간은 누구나 스스로 동기를 부여하여 자아실현으로의 행동 변화를 일으킬 수 있는 존재이다.

▶ 매슬로우 욕구 5단계설

인간관계운동이론의 대표적인 임상심리학자 매슬로우(A. H. Maslow, 1908-1970)가 1943년에 발표한 이론으로, 인간이 기계 속에서 효율성만을 추구하던 고전적 조직이론에 대한 반항이었다. 인간의 내부에 잠재하고 있는 욕구는 상대적 중요성에 따라 가장 기본적인 차원인 생리적 욕구에서부터 최고 차원인 자기실현의 욕구까지 5단계의 계층을 이루고 있다고 주장하였다.

욕구가 5단계를 이루고 있고, 아래 욕구가 충족되어야 그 상위의 욕구가 생겨나고 중요해진다. 상위 욕구들은 아래에 있는 것보다 계통발생이나 진화적으로 혹은 개인의 발달에서도 더 늦게 나타난다. 아래 욕구들일수록 신체적 생존과 더 직결되며, 결핍되었을 때 더 강력한 영향력을 행사한다. 생리적 욕구, 안전의 욕구, 소속감과 사랑의 욕구는 저차원적인 욕구로 설명되며, 존경의 욕구와 자아실현의 욕구는 고차원적인 욕구로 풀이된다.

코칭은 고객의 자아실현을 지원하기 위한 것이므로, 우리 인간의 가장 고차원적인 욕구 충족에 적합한 이론이라 할 수 있다.

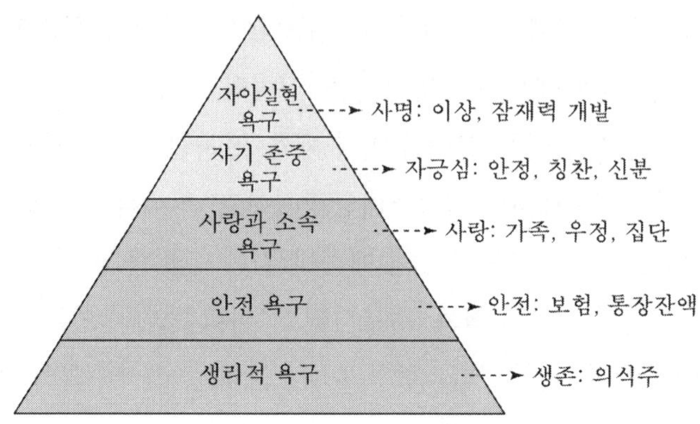

〈그림 1-4〉 매슬로우의 욕구 5단계설

▶ 맥그리그(Mcgregor)의 X, Y이론

조직내 인간주의의 창시자인 맥그리거(McGregor, 1906-1964)는 인간의 본질에 대한 상반된 가정을 중심으로 이론을 제기하였다. 맥그리거는 전통적 조직이론에서 조직구성원에 대하여 부정적인 관점으로 가정한 인간관을 X 이론이라고 하였다. X이론은 대부분의 인간들이 천성적으로 일을 싫어하고, 목표달성을 위해 통제, 명령, 처벌의 위협을 통해서 가능하고, 지시받기를 선호한다는 가정을 하고 있다.

이러한 기존의 관점에 반대해, 인간의 본질에 관한 새로운 긍정적인 관점을 제시하였는데, 이것을 Y이론이라 하였다. Y이론에서는 통제와 처벌만이 조직목표달성을 위한 유일한 수단은 아니며, 목표추구의 궁극적인 동기는 자신이 중요하다고 여기는 이기적 욕구와 자아실현욕구의 충족이라고 하였다. 또한 인간은 일을 즐기고 업적에 대하여 상당한 자기통제를 행사할 수 있고, 조건만 갖추어진다면 창의력을 발휘할 수 있다고 가정하였다.

맥그리거의 주된 관심은 인간의 본성에 대한 새로운 인식을 조직의 관리층에게 고취시키는 것이었다. 당시의 관리전략은 지시와 통제가 주를 이루었는데, 맥그리거는 그의 대표적인 X, Y이론을 통해 부정적인 인간관에 대하여 강한 반론을 제기하고, 조직 내 인간문제는 보다 긍정적이고 낙관적인 인간관에 대한 분석을 하여야 한다고 주장하였다.

코칭에서는 이 맥그리거의 Y인간관, 즉 인간은 타인의 지시나 명령에 따르기보다는, 보상이나 자아실현 욕구 등을 위해 자율적으로 통제하고 동기부여 될 수 있다는, 인간의 본질에 관한 긍정적인 관점을 계승하고 있다.

▶ 칼 로저스(Carl R. Rogers, 1902-1987)의 인간중심 치료 이론

비지시적, 내담자 중심, 혹은 사람 중심 상담으로 알려진 칼 로저스의 인간중심 치료이론의 핵심은 '사람을 있는 그대로 바라보고, 있는 그대로 대해야 한다'라는 것이다. 인간중심 상담이론에 따르면, 인간은 자신의 경험을 스스로의 기준이 아닌, 다른 사람의 기준으로 평가하게 되었을 때 심리 문제를 겪는다고 한다. 그는 피상담자 자신이 자기의 문제를 충분히 이해할 수 있을 뿐만 아니라, 자기의 문제를 스스로 해결할 수 있는 능력을 지니고 있다는 점을 강조한다.

이러한 심리 문제의 해결책으로 로저스는 특별한 치료 기법 없이 단지 '사람의 성향을 그대로 인정해 주는 것'만으로 충분하다고 한다. 특별한 기법이라기보다는 인간에 대한 태도라 할 수 있는 '진실성' '공감적 이해', 긍정적 존중'을 지니면 된다고 하였다.

일치성(진실성)

상대방에게 거짓된 태도를 보여선 안 되며, 자신의 내적 경험과 외적 표현이 일치되어야 하고, 상대방과의 관계에 있어서 일어나는 감정에 솔직하게 표현해야 한다.

공감적 이해

공감적 이해란 상대방의 생각, 감정, 경험에 대하여 자신의 주관적인 입장이 아니라, 상대방 입장에서 듣고 반응하는 것이 중요하다, 상대방의 입장에 서고, 타인의 눈으로 사물을 바라보면, 상대방의 내적 세계를 마치 자신의 내면세계인 것처럼 느끼게 되며, 이것을 공감적 이해라 한다.

긍정적 존중

무조건적으로 긍정적 존중을 표하며, 상대방에게 결론을 강요하지 않고, 상대방에게 완전한 감정표현의 기회를 제공하는 것이다. 여기서 무조건적이라 함은 상대의 행동이 좋고 나쁨에 대한 판단에 의해 영향을 받지 않는다는 의미이다. 상대방의 있는 그대로의 모습을 따뜻하게 수용하여 상대방과 수용적 분위기가 형성되어, 경험, 자신의 감정 등을 자유롭게 표현할 수 있고 공유할 수 있게 되어야 한다.

코칭에서도 코치는 고객과의 관계에서 진솔함을 보여야 하며, 신뢰를 형성해야 한다. 고객의 의견에 모두 동감할 순 없겠지만, 고객의 감정, 생각을 듣고 함께 반응하는 것이 중요하다. 코치는 고객의 의견이 옳다 틀리다를 논하지 않으며, 고객을 온전한 인격체로 간주하고, 고객의 의견을 있는 그대로 수용하고 존중해 줘야 한다.

▶ 리더십이론

리더십(leadership)[18] 은 공동의 목적을 달성하기 위하여 한 사람이 다른 사람의 지지와 도움을 얻는 사회적 영향의 과정으로, 조직의 목적을 달성하기 위해 구성원을 일정한 방향으로 이끌어 성과를 창출하는 능력이다.

조직의 성과를 끌어내기 위해 상사는 부하의 자발적인 참여를 끌어내야 하며, 조직구성원의 자아실현과 조직의 목적간 한 방향 정렬이 필요하다. 특히 현대 리더십 이론에서는 임파워가 크게 강조되는데, 지시가 아니라 자발적인 참여를 위해서는 부하의 인식변화와 통찰이 중요하다.

리더십 이론은 본 장 1. 3) 시대가 요구하는 새로운 리더십 부분을 참조 바란다.

18) 2017.12.5., http://100.daum.net/encyclopedia/view/24XXXXX84516

▶ **커뮤니케이션 관련 이론**

코칭 대화법의 기원을 고대 그리스의 철학자인 소크라테스의 산파술에서 찾기도 한다. 산파(産婆)란 출산을 도와주는 할머니라는 뜻인데, 산파가 직접 아이를 낳지는 않지만 산모가 조금이라도 덜 고통스럽게 안전하게 낳도록 도와주는 것이 산파의 역할이다.

산파술은 무지를 인정하고 바른 정의에 대해 대화로 풀어나가는 것이다. 소크라테스는 제자들이 질문을 하면 바로 답하지 않고 계속해서 질문을 던져 스스로 답하도록 유도했다. 누군가를 가르치려 하지 않고, 변증법을 활용하여 대화를 진행시키는 사이에 잘못된 판단의 모순을 깨우치도록 한다. 그는 1 대 1의 대화를 추구했으며, 근본적 이유를 탐닉해 가는 진리추구형이라 할 수 있다. 소크라테스의 위대함은 가르치거나 정보를 주었기 때문이 아니라, 함께 대화하는 사람들로 하여금 새로운 관점을 보게 하고, 새로운 깨달음을 얻도록 자극했기 때문이었다. 그는 선생이 아니라 코치의 역할을 했던 것이다.

코칭에서도 코치가 답을 주지 않는다. 질문을 통해 고객이 스스로를 성찰하고, 스스로 답을 찾아내도록 유도한다는 점에서 소크라테스의 대화법과 유사하다.

5) 코칭의 분류

역량을 갖춘 코치가 고객과 계약을 맺고 제공하는 일련의 코칭스킬과 프로세스를 포함하는 코칭서비스는 전문적 코칭이며 대개 유료이다. 전문코칭은 코칭영역과 비용을 지불하는 주체에 따라 다음과 같이 분류된다.[19]

(1) 코칭 영역에 따른 분류

① 비즈니스코칭(business coaching)

회사운영, 리더십, 성과향상, 수익률 개선 등 비즈니스 이슈에 주요 초점

19) 2017.4.6., 한국코치협회(http://kcoach.or.kr/02guide/guide03.html)

을 맞추는 코칭

② 라이프코칭(life coaching)

삶에서 일어나는 여러 가지 이슈들, 예를 들면 삶의 균형, 만족감 향상, 인간관계 개선, 인생의 의미와 목적의 발견 등에 초점을 맞추는 코칭

③ 커리어코칭(career coaching)

성격, 경력, 재능 그리고 처해 있는 환경 등을 고려하여 자신의 직업관에 맞는 진로를 설정하고 목표를 이룰 수 있는 방법을 찾도록 돕는 코칭

이 외에도 CEO코칭, 가족코칭, 다문화코칭 등 코칭의 분야는 무궁무진하며 더 세분화되는 추세에 있다.

(2) 코칭 비용 지불 주체에 따른 분류

① 기업코칭(corporate coaching)

코칭비용을 회사가 지불하는 경우이다. 기업코칭에서는 대개 코칭을 받는 고객과 코칭 비용을 지불하는 주체가 다르다. 이 경우 고객 뿐만 아니라, 비용을 지불하는 기업의 대표 혹은 인사부서와 협의하고 연락을 유지해야 한다.

기업코칭을 제공하는 코치에는 해당 기업 내부에 소속되어 있는 내부 코치와, 기업 외부의 별도의 기관에 소속되거나 독립적으로 활동하는 외부코치가 있다. 부서장급 이상에서 경영자까지는 외부코치가, 팀장급 이하는 사내 코치가 맡는 경우가 많다.

② 개인코칭(personal coaching)

코칭을 받는 개인이 코칭비용을 지불하는 경우이다. 주로 라이프코칭의 경우이며, 이 경우 고객과 비용을 지불하는 주체가 동일하기 때문에, 고객화에 집중해야 한다.

이와 유사하게 이소희 외(2014: 99)에서도 국내외 코칭 유형을 기초로

고용주체에 따라 개인과 기업 및 조직코칭으로 분류하였다.

〈표 1-5〉 코칭의 분류

고용주체	개인코칭	기업/조직코칭
대상	성인, 청소년, 노인, 부모	CEO, 리더, 임원, 직원, 교사
영역	라이프, 건강, 학습, 결혼, 창업	비즈니스, 직업역량, 인사관리, 관계
주제	감정처리, 의식 성장, 대화법, 커리어, 성적 향상, 신념 확장	대인관계 향상, 이직, 승진, 재무, 대출
형태	- 개인, 그룹, - 교육, 코칭, - 면대면, 전화, 이메일, - 내부코칭, 외부코칭	
수준	전문코칭, 일반코칭, 코칭적 접근	

6) 코칭과 다른 서비스 전문직과의 비교

코칭은 1990년대 이후에 나온 비교적 최근의 개념이고, 대인간 대화를 통해 진행되기 때문에 인간관계를 다루는 관련분야와의 명확한 구분이 필요하다. 코칭의 본질을 이해하기 위해 관련된 개념들을 '나의 관점(me-centered)'과 '상대방의 관점(you-centered)'의 양축에서 정렬시켜보았다. 또한 각 개념들의 간략한 설명을 제시하였다.

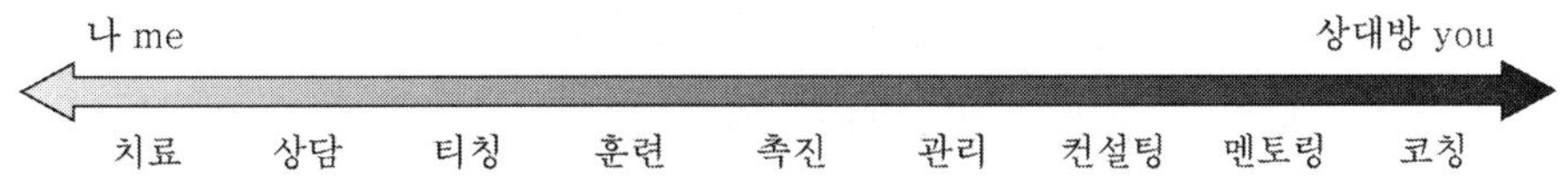

〈그림 1-5〉 코칭 관련 개념의 상대적 위치 비교[20)]

20) 이소희 외(2014), p. 31.

〈표 1-6〉 코칭 관련 개념의 정의[21]

멘토링 (mentoring)	해당 분야에 전문적인 지식, 기술, 지혜를 가진 사람이 이것을 필요로 하는 사람에게 전달해 주는 것
컨설팅 (consulting)	컨설턴트가 주도하여 현상들을 관찰하고 종합하여, 조직의 문제점을 진단하고 그 문제를 해결할 수 있도록 방법을 제시하는 것
관리 (management)	인적, 물적 자원을 통제하고, 지휘 감독하는 것
촉진 (facilitation)	이미 알고 있고, 할 수 있는 일을 더 잘 하도록 개입하고, 지지하는 것
훈련 (training)	트레이너가 중심이 되어 훈련생들에게 특별한 지식과 기술을 전수하는 것
티칭 (teaching)	이미 알고 있는 것을 확장하고, 모르고 있는 지식과 기술을 가르치는 것
상담 (counseling)	과거부터 현재에 이르기까지 직면하고 있는 문제를 해결하도록 돕는 것
치료 (therapy)	이미 손상된 곳이 더 이상 악화되지 않도록 함과 동시에 회복하도록 돕는 것

코칭은 개인과 조직이 변화하고 성장하고 문제를 해결하고 성과를 내는데 도움을 주는 다양한 인적 서비스 중의 하나이다. 코칭은 단순한 테크닉 이상이며, 코칭을 문화로 정착시키기 위해서는 코칭에 대한 올바른 인식이 필요하다(조성진, 2008: 72).

첫째, 코칭은 낙오자를 위한 최후 수단이 아니라 승자를 위한 것이다. 간혹 기업에서 성과가 낮은 저평가자들을 대상으로 코칭을 시행하는 경우가 있는데 이는 코칭을 잘못 이해하고 있는 것이다. 기업에서 어떤 직원이 성과가 낮은 데에는 여러 가지 이유가 있을 것이다. 예를 들어, 업무 방법을 잘 모를 수도 있고, 자원이 부족할 수도 있으며, 업무와 개인 적성이 적합치(fit) 않을 수도 있고, 상사와 관계가 불편할 수도 있으며, 개인적인 가정 문제가 있을 수도 있다. 업무 평가가 낮은 이유를 먼저 분명히 파악하고 그에 따른 대응책을 제시하는 것이 먼저이다. 이를 성과 컨설팅(performance consulting)이라 한다.

21) 이소희(2008)

코칭은 위험이나 마이너스(-) 상태에 있는 개인을 구해서 평균으로 끌어올려주는 것(help)이 아니라, 정상적 상태의 개인을 더 발전하도록 지원하는 것(support)이다.

둘째, 코칭은 단순한 이슈해결을 넘어 미래를 창조하는 것이다. 고객이 당면한 문제나 이슈를 해결하기에 급급하면, 개인의 장기적 발전을 꾀할 수 없다. 코칭은 인본주의 철학을 바탕으로 하고 있으며, 문제를 해결해 주기보다는 고객 스스로 문제에 대한 인식 전환과 성찰을 통해 해결해 나가도록 지원한다. 근본적이고 장기적인 방향에서 고객이 현재보다 더 나은 미래의 목표를 달성할 수 있도록 코치는 파트너가 되어 생각하고 격려하고 촉진한다.

〈표 1-7〉 상담치료, 컨설팅, 멘토링, 교육훈련과 코칭과의 비교[22)]

다른 서비스 전문직		코칭
상담치료	상담치료는 개인 내부 혹은 관계에서 고통, 기능장애, 갈등 등을 다룬다. 전반적으로 심리적 기능을 향상시키거나, 감정적으로 더욱 건강한 방식으로 현재를 다루면서, 현재의 감정적 기능에 해를 끼치는, 과거로부터 발생하는 어려움을 해결하는데 초점을 둔다.	코칭은 구체적인 행동적 결과를 추구하면서 자발적 변화에 기반한 개인적 및 직업적 성장을 지원한다. 코칭은 미래에 초점을 둔다. 긍정적 감정이 코칭의 자연스런 산출물일수도 있지만, 주요 초점은, 개인의 일이나 삶 속에서 특정한 목적을 달성하기 위한 행동 전략을 만들어내는 것이다. 코칭 관계에서는 행동, 책임, 완수 등을 강조한다.
컨설팅	개인 혹은 조직은 전문성 때문에 컨설턴트를 필요로 한다. 컨설팅 방법이 매우 폭 넓지만, 가정은 컨설턴트는 문제를 진단하고, 처방하고, 때로는 해결책을 실행할 것이라는 것이다.	코칭에서는, 코치의 지지적이고 발견-기반인 방법 및 프레임워크와 함께, 개인 혹은 팀이 자신들의 해결책을 만들 수 있다고 가정한다.
멘토링	멘토는 자신의 경험에 기반한 지혜나 안내를 제공하는 전문가이다. 멘토링은 조언, 카운슬링, 코칭 등을 포함할 수 있다.	코칭 프로세서는 조언 혹은 카운슬링을 포함하지 않는다. 대신에 개인 혹은 그룹의 목표 수립과 달성에 초점을 둔다.
교육훈련	트레이닝 프로그램은 트레이너 혹은 강사에 의해 수립된 목표에 기반된다. 트레이닝은 기존 교육과정과 일치하는 선형적 학습 경로를 가정한다.	비록 목표들이 코칭 프로세서에서 드러나지만, 이것들은 코치의 안내와 함께 코칭을 받는 개인 혹은 팀에 의해 수립된다. 코칭은 일련의 교육과정 없이 보다 덜 선형적이다.

22) Carole Bennett & Michelle Payne(2016, pp. 16-17)

셋째, 코칭은 조직 구성원들의 업무 성과와 개인적 발전을 통합하는 것이다. 조직은 개인의 성과를 평가하고, 개인의 잠재적 성장은 등한시 되거나 개인적 책임으로 돌리는 경우가 많다. 조직 구성원의 성장 없이, 재무적 자원이나 기타 물적 자원의 증가만으로 지속적으로 조직이 성장할 수 있을까? 조직의 성장은 결국 구성원의 성장에 달려 있고, 구성원의 성장은 조직의 핵심 관심이 아닐 수 없다.

코칭은 개인의 성장을 통해 업무 성과에 기여하고자 한다. 개인이 업무에 책임감을 가지고 주도적으로 관여하게 하며, 성과 향상을 위한 근본적인 역량을 높이도록 한다. 끊임없는 호기심을 갖고 탐구하게 하며, 새로운 창의적 방법을 찾아내도록 하며, 계획을 구체적으로 세우고 일정에 맞춰 실행하도록 독려하고 격려한다.

넷째, 코칭은 간헐적이 아닌 지속적인 과정이다. 실제로 기업에서 이루어지는 임원코칭을 보면, 승진한 임원을 대상으로 한 계획된 리더십 과정인 경우가 많다. 팀장급 이하에게는 단발적인 코칭 워크숍이 진행된다.

그러나 개인의 잠재력을 발휘하고 성장을 이루려는 코칭은 이와 같은 일회성으로 그 목표를 달성할 수 없다. 코칭은 연결되어 있는 지속적인 과정이다. 개인의 가치관과 목표를 일치시키며, 목표와 결과를 일치시키기 위한 피드백이 코칭 세션마다 주어지며, 코칭이 끝난 후 성찰은 다음 코칭에 피드백되어 반영된다. 리더는 조직구성원들의 성장을 위해 자신의 시간 상당부분을 투자해야 한다. 조직의 구성원들이 코칭을 지속적으로 받기 위해서는 사내 코칭 교육이 확대되어야 하고 사내 코치의 양성이 활발해져야 한다.

7) 좋은 코치의 특성

회사의 일반적인 보스와 코치와의 특성을 비교해 보면 다음 표와 같다.[23] 보스는 결정하는 사람이지만, 코치는 결정을 도와주는 사람임을 알 수 있다.

23) 마샬 쿡(2003), 『코칭의 기술』, 서천석 옮김, 지식공작소. p. 36.

코치는 선수가 게임을 하도록 만드는 사람이다.

〈표 1-8〉 보스와 코치의 특성 비교

보스	코치
많이 말한다	많이 듣는다
이야기한다	물어본다
방향을 결정한다	잘못된 결정을 막는다
추정한다	조사한다
통제하려 한다	위임하려 한다
명령한다	의욕을 불러일으킨다
부하를 움직인다	부하와 함께 움직인다
결과물을 우선한다	과정을 우선한다
잘못을 따진다	책임을 나누어 진다
거리를 유지한다	접촉을 유지한다

좋은 코치는 다양한 경험과 이론적 틀, 특유의 자질과 인품이 조합된 사람이다. 다양한 분야에서 코치들이 활동하지만, 이들의 전문 영역을 떠나 좀 더 자세히 보면 모든 코칭은 사람들이 자신을 더 효율적으로 관리하도록 돕는데 목표를 두고 있다. 이를 위한 방법에는 고객과 함께 호흡하기, 고객의 입장에서 생각하기, 신뢰와 인내로써 고객과 소통하기, 그리고 고객이 스스로를 다른 관점에서 돌아볼 수 있게 하기가 있다.[24)]

좋은 코치는 긍정적이고, 열정적이며, 직원들을 신뢰한다. 또한 집중할 줄 알며, 목표 지향적이고, 충분한 지식을 갖춘, 기민한 관찰자이다. 그리고 좋은 코치는 상대를 존중할 줄 알고, 인내심이 있으며, 명확하게 말할 줄 알며, 강인하게 밀어붙일 줄 아는 사람이다.[25)]

코치는 존재지식과 전문지식 사이에 위치해야 한다.[26)] 코치의 존재지식은 침착성과 자긍심, 내면적 일관성, 낙천적인 마음, 불확실성을 견디는 능력,

24) 이언 맥드모트, 웬디 제이고(2007), p. 89.
25) 마샬 쿡(2003), 『코칭의 기술』, 서천석 옮김, 지식공작소, pp. 23-31.
26) 피에르 앙젤, 파트릭 아마르 지음(2012), pp. 97-99.

타인에 대한 배려 등의 자질로 구성된다. 성품자질과 관계 역량으로 이루어지는 이 존재지식은, 고객의 문제를 확인하고, 탐구하는 장치를 통해 이루어질 상호작용을 조건 짓는다.

코치의 행위는 인간을 선택에 대한 책임자이며, 잠재력과 해답을 보유한, 변화와 발전의 주체로 간주하는 강력한 인간관에 근거한다. 고객에게 존재한다고 기대되는 능력에 대한 지원을 통해 고객에게 변화와 책임을 부여한다.

코치의 전문지식은 경청과 질문 기술, 타인의 준거 틀과 문제에 공감하는 능력, 고객의 욕구를 식별할 수 있는 진단 능력, 감정 전이 요인을 분석하고 연결을 강화하는 관계 역량, 공개적 요구로부터 암묵적 요구로 이행하는 탐색, 새로운 관점을 유도하고 변화를 준비하는 인식론적 재구성과 액자화 기술, 코칭 세션 사이의 과제 부여와 동반 실행 등이다.

이러한 코치의 전문지식은 본질적으로 무언가를 하거나 말하려는 강박을 피하고, 코칭 기술로부터 자유로워지며, 침묵을 허락하고, 설명되지 않는 관계의 풍요로운 요소들과 존재지식에 자리를 내어줌으로써 고객이 중심 역할을 하게 한다.

코치는 기업 세계와 지원 관계의 중심부에 위치하여 이 두 영역에 적합한 지식과 역량을 갖추어야 하는데, 코치의 프로필은 다음과 같은 부분에 근거한다.[27)]

- 균형적 성품과 풍부한 인생 경험, 적절한 전문 경력에 기초한 개인적이고 직업적인 성숙
- 기업의 세계에 관해 의미 있는 경험 혹은 풍부한 감수성
- 연결을 창출시키고, 타인의 생각을 명료화할 수 있는 틀을 제시하고, 개인의 감춰진 문제를 드러내고 분석하기 위해, 축적된 지원 관계에 관한 지식과 경험
- 개인적으로나 전문적으로나 기초를 만들어주는 슈퍼비전

27) 피에르 앙젤. 파트릭 아마르 지음(2012), p. 101.

-건전한 윤리와 의무론
-코칭에 관한 체계적인 전문 교육

이러한 훌륭한 코치가 항상 최선을 다하는 것들에는 다음과 같은 것들이 있다.28)

-자신의 가치, 신념, 편견 등을 인식하고 있다.
-신뢰할 만하고, 언제든지 도울 준비가 되어 있고, 정직하고, 성실하다.
-고객에게 존중, 민감성, 따스함, 진정성, 집중력 등을 보여주며 온전히 함께 한다.
-산만하지 않고 주의 깊게 경청한다.
-고객이 스스로 코칭 주제를 설정하도록 한다.
-강력하고 열린 질문을 던져 문제를 명확하게 하고, 생각을 자극하여, 개인의 경험, 열망, 목표를 평가한다.
-사람들을 고취시켜 미래를 계획하고, 사명을 명확하게 하며, 기술을 향상시키고, 목표에 도달할 수 있도록 코칭한다.
-대화를 독점하고, 자기 이야기를 하고, 충고하려는 유혹을 물리친다.
-인식, 책임, 변화를 자극한다.
-과거가 아니라 현재와 미래에 초점을 맞춘다.
-대화 중간에 주기적으로 코칭 주제를 재진술하고, 대화를 요약해 주며, 요청받을 때 피드백을 한다.
-격려하고, 긍정적인 태도를 보여준다.
-사랑 안에서 진실을 말하고, 믿을 만한 피드백을 주며, 정기적으로 도전한다.
-고객을 도와 행동을 구체화하고, 목표를 설정하고, 행동 계획을 세우며, 한 걸음씩 나아가도록 한다.

28) 게리 콜린스(2011), p. 63.

-협력과 원활한 의사소통을 목표로 한다.

-비밀을 지킨다.

-코칭을 마친 후 필요한 후속 조치를 한다.

-코칭은 코치와 고객 사이에 오가는 반응, 즉 상호 신뢰와 존중, 코칭 역량과 비밀 엄수에 달려 있음을 항상 명심한다.

마스터풀 코칭(Masterful Coaching)을 주장한 로버트 하그로브(Rovert Hargrove, 2015: 101)도 코칭은 단순한 기술이 아니라 존재방식이라고 하였다. 마스터풀 코치가 되려면, "내가 무엇을 해야 하는가?"가 아니라 "내가 어떤 존재가 되어야 하는가?"를 물어야 한다고 하였다. 마스터풀 코치가 되기 위한 7가지 자세는 다음과 같다.

① 코칭대상자에게 전적으로 헌신한다.

코치는 고객을 코칭 고객으로만 대해서는 안 된다. 고객이 비즈니스로도, 개인 삶에서도 성공할 수 있도록, 고객에게 전적으로 헌신해야 한다. 코치가 자신에게 전적으로 헌신하고, 진정으로 자신의 성공을 지원한다고 느끼게 되면, 고객은 코치의 솔직한 어떤 의견도 그대로 받아들일 것 이다.

고객의 모든 이슈에 대해 답을 언제나 제시할 순 없지만, 고객과 함께 문제를 해결해 나가려는 태도와 전폭적인 헌신을 보여준다면, 고객은 코치를 신뢰할 수 있고, 코치와 함께 사고를 확장하다 보면 해결책을 찾는 순간이 오게 된다.

② 사람들이 위대한 면모를 보이지 않을 때도 그들의 위대함을 지지한다.

대개의 사람들은 자신이 가진 위대함을 스스로 깨닫지 못한다. "나름대로 열심히 살았지만, 나의 현실 여건 상 이렇게 밖에 살 수 없었고, 이 속에서 나름대로 노력하고 있다"고 한다. 그러나 이러한 사람들도 내면으로는 더 성공하고 싶은 욕구가 있고, 타인을 위해 기여하고 싶은 욕구가 있다. 뭔가 자신의 생활과 운명을 바꿔보고 싶은 욕구가 있다. 그러한 사람들의 열정과 내면의 욕구를 읽어주고 지지하고, 자극을 주면, 그들은 변화가 불가능한 것이거나 포기할 것이 아니란 것을 깨닫게 된다.

③ 비전에서 출발해 역으로 접근하게 한다.

경영자들은 바쁜 일정 속에 있고, 여러 이해관계자들을 조정해야 하고, 여러 가지 제약조건들을 헤쳐 나가야 한다. 그러나 이러한 현재 상태에 빠져버리면, 불가능한 미래를 선언할 수 없다. 개인이나 조직을 변화시킬 수 있는 진정한 변화는 예산, 상사와 같은 외부요인이 아니라 미래의 비전으로부터 나와야 한다. 비전으로부터 그 비전을 달성하기 위한 노력과 일정이 나와야 한다.

④ 반응적으로 대처하는 말이 아닌 자신의 입장에서 우러나온 말을 한다.

수행을 많이 한 사람이든, 코치든, 일반 사람이든 누구든 일상생활을 하다보면 화가 날 때가 있다. 그러나 코칭에서 코치가 고객에게 실망하여 화를 낼 수는 없다. 고객으로부터 최고의 모습, 최선의 모습을 이끌어내려면, 코치가 고객에게 그러한 모습을 보여줘야 한다. 고객의 성공을 위해 헌신하는 코치는 고객을 진정으로 지지하고, 나은 방향으로 향해야 한다.

⑤ 결여된 것에 집중한다.

고객의 잘못을 지적하거나 그기에 초점을 두지 않는다. 고객의 위대함을 지지하면서, 지금은 부족하지만 제대로 갖춘다면 대단한 변화를 이룰 수 있는 것에 초점을 맞춘다. 부족한 것이 채워져서 더 큰 성장을 이룰 수 있다면, 부족한 것은 단점이 아니라 오히려 성장의 기회인 셈이다.

⑥ 솔직한 피드백을 준다.

코치라도 솔직한 피드백을 주기는 쉽지 않다. 고객과 관계가 끊어질까 우려되기 때문이다. 그러나 고객과 각별한 관계를 맺었다면, 솔직한 의견을 전달할 수 있다. 코치가 어떤 피드백을 줘도 고객은 코치의 진정성을 알고 있기 때문이다. 코치가 자신의 성공을 지지한다고 느끼면, 고객들은 의미 있는 피드백을 받아들이고, 다음 단계로 나아가기 위해 자발적으로 행동을 수정한다. 고객과의 진실한 연결이 이루어지지 못한 상태에서의 솔직한 피드백은, 고객의 기분을 상하게 하거나, 오해 등으로 인해 고객의 수용이 이루어지지 않을 수 있다.

⑦ 모든 것이 가능하다는 관점을 가진다.

대다수의 사람들은 의외로 긍정적이기보다는 부정적이다. '꿈은 꿈일 뿐이야. 꿈과 내 현실은 달라', '저렇게 크게 꿈을 이룬 사람은 뭔가 나와 다른 조건이 있을 거야.'라고 포기하거나 변명을 늘어놓는다. 이런 사람들에게 개입하여 그에게 무한한 가능성이 있으며 의욕을 불어넣어야 한다.

'모든 것은 가능하다', '모든 상황은 바뀔 수 있다', '길은 항상 있다', '행동하고 안 하고는 고객에게 달려 있다'라며, 격려하고, 고객에게 책임감을 심어줘야 한다.

8) 코칭의 구성요소

코칭을 구성하는 기본 요소에 대해 살펴보는 것은 코칭의 전반적 틀의 이해에 큰 도움을 줄 수 있다. 조성진(2008: 51)은 코칭의 구성요소로써 코치, 코칭고객, 그리고 코칭 접근법과 코칭대화 프로세스 등이 포함된 코칭시스템으로 구성되어 있다고 설명하였다. 그는 이것은 '코칭의 구성 삼각형'이라고 불렀으며, 코치와 코칭고객이 코칭시스템을 매개로 잘 연결되어 있는 마차와 같은 것이라고 하였다.

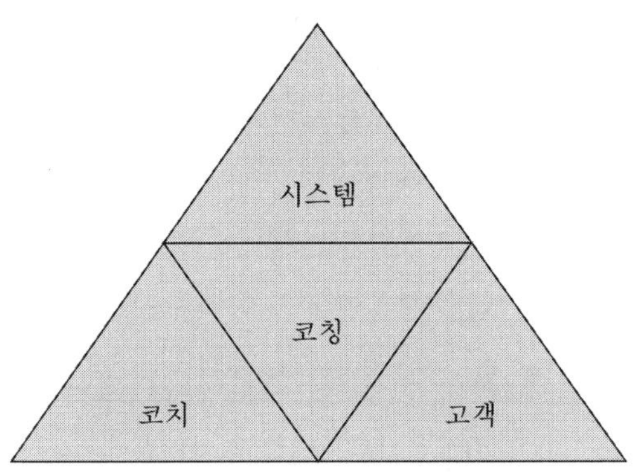

〈그림 1-6〉 코칭의 구성 삼각형[29)]

코치에 대해서는 1.2.7) 좋은 코치의 특성을 참조하면 된다.

코칭고객에 대해서는 문헌에서 크게 다루고 있지는 않다. 고객은 코칭서비스를 받는, 통제 밖에 존재하는 불특정 대상이기 때문이다.

그러나 코칭의 성공 여부는 얼마나 좋은 고객을 만나느냐에 달려 있기도 하다. 아무리 좋은 스킬을 갖춘 코치라도, 자기 발전에 관심이 없거나 피동적인 고객을 변화시키기는 어렵기 때문이다. 특히 자신이 코칭 비용을 지불하지 않는 고객이 조직이나 부모의 강요로 코칭을 받는 경우, 고객의 마음의 문을 열기가 매우 어렵다. 말을 물가로 몰고 갈 수는 있어도, 물을 강제로 먹일 수는 없기 때문이다.

코칭은 고객의 인식 변화를 통한 고객의 변화와 성장이 목적이므로, 코칭의 주도권을 코치가 아닌 고객이 가진다. 코치가 주도권을 가진 코칭은 실패하기 마련이다. 고객은 개인적인 삶에서나 직업적인 일에서 변화와 성장에 대한 강렬한 욕망이 있어야 하며, 코치를 인정 및 존경해야 하고, 코칭 세션에 성실히 임해야 하며, 코치와의 약속도 지켜야 한다. 코칭에 대한 인식이 열려 있어야 하고, 코칭을 배우고자 하는 열의도 있어야 한다. 이러한 고객의 의무와 자세에 대해 코칭 계약 시에 충분히 설명되어지고 약속되어져야 한다.

---

29) 조성진(2008, p. 51)

코칭시스템은 한마디로 정리하기 어려운데, 코치별로, 코칭회사나 프로그램별로, 매우 다양한 코칭스킬과 시스템이 있고, 계속 수정되며, 상황에 따라서 변할 수 있기 때문이다. 그렇지만 좋은 코칭 세션을 위해서는 다음과 같은 요소가 필요하다.[30)]

① 목적 설정

코칭은 잡담이 아니라 목적이 있는 대화이다. 세션의 주제를 아는 가장 좋은 방법은 물어보는 것이다. 미리 예단하지 말고, 간결한 말로 물어보면 된다.

② 기본적인 규정 정하기

코칭은 코치와 고객의 합의하에 시작하고 진행된다. 코치와 고객이 각각 지켜야 할 의무사항과 권리사항에 대해 상호 논의하고, 규칙을 정하고, 약속을 이행해야 한다. 시간을 정해야 하고, 비밀유지를 준수해야 하고, 역할이 정해져야 한다.

③ 초점 유지

코칭은 고객에게 온전한 초점을 유지해야 한다. 고객의 말을 경청하고, 고객의 감정과 가치관을 이해해야 하고, 정체성을 파악해야 한다. 고객에게 집중하는 것을 방해하는 것, 즉 주변의 잡음, 불필요한 행동, 다른 업무, 전화, 컴퓨터 등을 통제해야 한다.

④ 혼자 말하는 것 피하기

코칭에서 코치는 고객보다 대화를 많이 해서는 안 된다. 코치가 고객에 대해 평가해서도 안 되며, 비난하거나 질책해서도 안 된다. 고객의 얘기를 듣고, 고객이 자신의 문제에 대해 탐구하도록 하고, 해결책을 찾도록 하기 위해서는, 고객이 대화를 주도해야 한다.

⑤ 단순명료하게 말하기

코칭에서 코치가 사용하는 언어는 중립적인 언어이다. 간결해야 하며, 고

30) 마샬 쿡(2003), 『코칭의 기술』, 서천석 옮김, 지식공작소. pp. 61-71.

객의 언어가 아닌 전문 용어를 피해야 하며, 모호하지 않고 분명하게 말해야 한다.

⑥ 구체적인 문제에 관심 기울이기

코칭에서 고객이 처음 제시하는 이슈는 폭 넓을 수 있다. 주제가 명확하지 않으면, 해결책도 명확할 수 없다. 처음에는 넓은 범위의 얘기로 시작했다 하더라도, 코치는 구체적인 문제를 파악해야 한다.

⑦ 새로운 의견에 개방적인 태도를 유지하기

코칭에서 코치와 고객은 수평적인 협력적인 관계이다. 코치의 의견이든 고객의 의견이든 누구의 의견이든 자유롭게 제안하고, 탐색되어야 한다.

〈성찰과 실습 공간〉

- 각자 코칭의 정의를 내려보고, 파트너와 설명하기.
- 코칭의 역사에서 어떤 부분이 코칭 발전에 의미 있는 영향을 미쳤다고 생각하는가?
- 코칭 철학에서 가장 핵심은 무엇이라고 생각하는가?
- 코칭에 관해 각자의 철학을 말하고, 파트너와 교환하기.
- 코칭과 다른 서비스 전문직과는 어떤 차이가 있는가?
- 좋은 코치의 특성 중 당신이 중요하게 생각하는 특성은?
- 코칭 구성요소의 어떤 부분이 특히 중요하다고 생각하는가?

2
chapter

코칭의 주요 기술

코칭은 막연한 이론만으로 구성되어 있는 것이 아니라, 코칭을 실행하기 위해 끊임없이 배우고 키워야 하는 핵심 역량이 있다. 세계코칭연맹(International Coaching Federation(ICF))에서는 11개 핵심 역량을 규정해 놓고 있다.

1. 세계코칭연맹(ICF)의 코칭 핵심 역량 11가지[1)]

아래 11개 코칭 핵심 역량은 오늘날 코칭 분야에서 이용되는 스킬과 접근 방법에 대한 이해를 돕고자 세계코칭연맹(ICF)에 의해 개발되었으며, 코치 자격 평가 기초로 이용된다. 코칭을 배운 대다수의 코치들은 누구나 알고 있지만, 실상 이 11개 역량을 완전히 이해하고 있는 사람들은 많지 않다. 코칭을 실습하고 피드백해 줄 때, 이 역량에 근거해서 명확하게 설명해 준다면 훌륭한 피드백이 될 것이다.

1) https://coachfederation.org/core-competencies/

〈표 2-1〉 ICF의 코칭 핵심 역량 11가지

그룹	개별 역량
A. Setting the Foundation	1. Meeting Ethical Guidelines and Professional Standards 2. Establishing the Coaching Agreement
B. Co-creating the Relationship	3. Establishing Trust and Intimacy with the Client 4. Coaching Presence
C. Communicating Effectively	5. Active Listening 6. Powerful Questioning 7. Direct Communication
D. Facilitating Learning and Results	8. Creating Awareness 9. Designing Actions 10. Planning and Goal Setting 11. Managing Progress and Accountability

1) 그룹 A: 기초 세우기

(1) 역량 1: 윤리적 지침과 직업적 표준을 충족시키기(Meeting Ethical Guidelines and Professional Standards)

코칭 윤리와 표준을 이해하고, 이것들을 모든 코칭 상황에서 적절하게 적용시키기 위한 능력을 이해하기.

① 윤리 관련 ICF 규정(code)들을 이해하고, 자신의 행동에서 나타내기

② 모든 ICF 윤리 지침들(guideline)을 이해하고 준수하기

③ 코칭과 컨설팅, 정신치료, 다른 직업들과의 차이를 명확하게 의사 전달하기

④ 때와 적절한 전문가를 알고서, 필요하면 코칭보다 다른 지원 전문가에게 고객을 연결해 주기

(2) 역량 2: 코칭 계약을 맺기(Establishing the Coaching Agreement)

특정한 코칭 상호작용에서 무엇이 요구되는지를 이해하는 능력, 코칭 프로세스와 관계에 대해 예비 및 새로운 고객과 합의를 이끌어 내는 능력.

① 코칭 관계의 가이드라인과 특정한 사항들(예: 요금, 일정 등)을 이해

하고 고객과 효과적으로 논의하기

② 관계에서 무엇이 적절하고 무엇이 적절하지 않은지, 무엇이 제공되고 무엇이 제공되지 않은지, 그리고 고객의 책임과 코치의 책임에 대해 합의에 도달하기

③ 코칭 방법과 예비 고객의 니즈간에 효과적인 조합을 결정하기

2) 그룹 B: 함께 관계를 구축하기

(1) 역량 3: 고객과 신뢰 및 친밀성을 구축하기(Establishing Trust and Intimacy with the Client)

지속적인 상호 존경과 신뢰를 만들어내는 안전하고도 지원적인 환경을 만드는 능력

① 고객의 복지와 미래에 대해 진정한 관심(genuine concern)을 보여주기

② 개인적인 온전함(integrity), 정직성, 성실성(sincerity)을 계속적으로 보여주기

③ 명확한 합의를 만들어내고 약속을 지키기

④ 고객의 인식(perception), 학습 스타일, 인격적 존재(personal being)에 대한 존경을 보여주기

⑤ 위험 감수와 실패의 두려움을 포함하여 고객의 새로운 행동과 행태를 지속적으로 지원하고 옹호하기

⑥ 민감하고(sensitive), 새로운 영역 속으로 고객을 코치하도록 허락을 요청하기

(2) 역량 4: 코칭 프레즌스(Coaching Presence)

개방적이고, 유연하고, 자신감 있는 자세(style) 속에서, 완전히 의식적이 되는 능력, 고객과 자발적인 관계를 만들어내는 능력

① 그 순간에 함께 춤을 추면서(dancing in the moment), 코칭 프로세

스 동안 존재해 있고(present) 융통성을 갖추기

② 자신의 직관을 평가하고, 자신의 내면의 앎(inner knowing)을 신뢰하기

③ 알지 못함(not knowing)에 대해 개방되어 있고, 위험을 감수하기

④ 고객과 함께 일하는 많은 방식들을 알고, 가장 효과적인 순간에 선택하기

⑤ 밝고 에너지가 넘치도록 유머를 효과적으로 사용하기

⑥ 자신 있게 관점을 전환하고, 자신의 행동에 대해 새로운 가능성을 시험하기

⑦ 강한 감정을 가지고 일하면서 확신을 보여주고, 자기-관리를 할 수 있고, 고객의 감정에 의해 압도되거나 곤란에 빠지지 않기

3) 그룹 C: 효과적으로 의사소통하기

(1) 역량 5: 적극적 경청(Active Listening)

고객이 무엇을 말하고 무엇을 말하지 않는지 완전히 초점을 맞추고, 고객이 바라는 상황 내에서 말하여지는 의미를 이해하고, 고객의 자기표현을 지원하는 능력.

① 고객을 위한 코치의 아젠다(agenda)가 아니라, 고객과 고객의 아젠다에 주의를 기울이기

② 고객의 관심사항, 목적, 가치, 그리고 무엇이 가능하고 가능하지 않은지에 대한 믿음을 듣기

③ 단어들, 음성 톤, 신체 언어를 판별하기

④ 명확함(clarity)과 이해를 확보하기 위해, 고객이 말한 것을 요약하고, 바꿔 말하고(paraphrase), 반복하고, 반영해 주기(mirror)

⑤ 감정, 인식, 관심사항, 믿음, 제안 등에 대한 고객의 표현을 격려하고, 수용하고, 탐색하고, 재강화하기

⑥ 고객의 아이디어와 제안에 대해 통합하고 형성하기

⑦ 고객 커뮤니케이션의 본질을 이해하고, 고객을 그곳에 도달하도록 돕기

⑧ 다음 단계로 고객을 이동시키기 위해, 판단 혹은 집착 없이, 고객이 상황을 털어놓거나 분명하게 하도록 하기

(2) 역량 6: 강력한 질문(Powerful Questioning)

코칭 관계와 고객에게 최대의 효익을 가져오기 위해 필요한 정보를 드러내도록 질문하는 능력.

① 적극적 경청과 고객 관점의 이해를 반영하는 질문을 하기

② 발견, 통찰, 헌신(commitment), 행동을 불러일으키는 질문을 하기(예: 고객의 가정(assumption)에 도전하는)

③ 더 큰 명료함, 가능성, 새로운 학습을 창조하는 개방형(open-ended) 질문을 하기

④ 정당화하거나 회고하는 질문이 아니라, 고객이 바라는 것을 향해 고객을 나아가게 하는 질문을 하기

(3) 역량 7: 직접적 의사소통(Direct Communication)

코칭 세션 동안 효과적으로 의사소통하는 능력, 고객에게 가장 큰 긍정적 영향을 가지는 언어를 사용하는 능력.

① 피드백을 공유하고 제공함에 있어서 명료하고, 논리 정연하고(articulate) 직접적이기

② 고객이 원하거나 불확실한 것에 대해 고객이 또 다른 관점으로부터 이해할 수 있도록 재구성하거나 연결시키기

③ 코칭 목표, 만남 아젠다, 기법 혹은 실습의 목적을 분명하게 서술하기

④ 적절하고 예의 갖춘 언어를 고객에게 사용하기(예: 성 혹은 인종 차별 안 쓰기, 기술적이거나 전문적 용어 안 쓰기)

⑤ 포인트를 설명하거나 혹은 언어에 의한 묘사를 돕기 위해 은유

(metaphor), 비유(analogy)를 사용하기

4) 그룹 D: 학습과 결과를 촉진하기

(1) 역량 8: 알아차림을 만들기(Creating Awareness)

정보의 다수 소스(source)들을 통합하고 정확하게 평가하는 능력, 고객이 알아차림을 얻고 합의된 결과를 달성하도록 고객을 도와주는 해석을 만드는 능력.

① 고객의 관심사항을 평가함에 있어, 고객의 서술에 푹 빠지지 않고, 말한 것 범위를 넘어서기

② 보다 넓은 이해, 알아차림, 명료함을 위한 조사(inquiry)를 불러일으키기

③ 고객의 근원적인 관심사항을 파악하기, 고객 자신과 세상을 인식하는 전형적이고 고정된 방식을 파악하기, 사실과 해석 간 차이를 파악하기, 사고, 감정, 그리고 행동간 차이를 파악하기

④ 고객 자신을 위해 새로운 사고, 신념, 인식, 감정, 분위기 등을 발견하도록 고객을 돕기. 그래서 고객에게 중요한 것을 위해 행동을 취하고 달성하게 하는 능력을 강화시켜 줌

⑤ 고객에게 더 넓은 관점을 의사소통하고, 고객들의 시각을 전환시켜주고 행동을 위한 새로운 가능성을 발견하도록 해주는 약속을 끌어내기

⑥ 고객들과 그들의 행위에 영향을 미치는 다양하고, 상호관련된 요인들을 보도록 고객들을 도와주기(예: 사고, 감정, 신체, 배경)

⑦ 고객을 위해 유용하고 의미 있는 방식으로 통찰(insight)을 고객에게 표현하기

⑧ 주요한 강점 대 주요 학습 및 성장 영역 파악하기, 코칭 동안 다루어야 할 가장 중요한 것 파악하기

⑨ 말하여지는 것과 행하여지는 것 간의 구분을 찾아낼 때, 사소한 이슈

와 의미 있는 이슈, 상황적 행위 대 순환적 행위를 구별하도록 고객에게 요청하기.

(2) 역량 9: 행동 설계하기(Designing Actions)

코칭과 일/삶 상황에서 지속적인 학습을 위한 기회를 고객과 창조하는 능력, 합의된 코칭 결과에 가장 효과적으로 이르게 하는 새로운 행동들을 취하게 하는 능력.

① 고객이 새로운 학습을 보여주고, 연습하고, 깊게 하도록 해줄 행동들을 고객이 규명하도록 브레인스토밍하고 보조해 주기
② 합의된 코칭 결과에 중심적인 특정한 관심사항과 기회에, 고객이 초점을 맞추고 체계적으로 탐색하도록 돕기
③ 고객이 대안적 아이디어와 해결책을 탐색하고, 선택안들을 평가하고, 관련된 의사결정을 하도록 돕기
④ 코칭 세션동안 논의되고 배운 것을 즉시 고객의 일 혹은 삶 속에서 적용할 수 있도록, 적극적인 실험과 자기 발견을 촉진하기
⑤ 고객의 성공과 미래 성장을 위한 역량을 축하하기
⑥ 새로운 아이디어를 촉발시키고 행동을 위한 새로운 가능성을 발견하도록, 고객의 가정과 관점에 도전하기
⑦ 고객 목적과 함께 정렬된 관점들을 옹호하거나 제시하기, 그리고 첨부함이 없이 고객으로 하여금 그 관점을 갖도록 하기
⑧ 즉각적인 지원을 하면서, 코칭 세션 동안 고객이 "당장 지금 하도록" 도와주기
⑨ 스트레치와 도전뿐만 아니라 편안한 학습 속도를 격려하기

(3) 역량 10: 계획과 목표 설정(Planning and Goal Setting)

고객과 함께 효과적인 코칭 계획을 개발하고 유지하는 능력

① 학습 및 개발을 위한 관심사항과 주요 영역을 다루도록, 수집된 정보를 강화하고, 코칭 계획 및 개발 목적들을 수립하기

② 달성할 수 있고, 측정할 수 있고, 구체적이고, 목표 달성일이 있는 결과를 위한 계획 만들기
③ 코칭 프로세서와 상황 변화에 의해 야기된 계획 조정을 만들기
④ 학습을 위한 다양한 자원들을 파악하고 평가하도록 고객을 돕기(예: 도서, 다른 전문가)
⑤ 고객에게 중요한 초기 단계의 성공을 파악하고 목표로 삼기

(4) 역량 11: 진행과 책임 관리하기(Managing Progress and Accountability)

고객에게 중요한 것에 주의를 지속시키고, 고객이 행동을 취하도록 책임 지우는 능력

① 자신의 목적으로 나아가도록 하는 행동을 고객이 취하도록 분명하게 요구하기
② 이전 세션 동안 고객이 약속한 행동들에 대해 고객에게 질문함에 의해 이행을 명시하기
③ 고객이 행한 것, 행하지 않은 것, 이전 코칭 세션 이후 배운 것 혹은 알아차린 것 인정하기
④ 세션 동안 얻어진 정보를 고객과 함께 효과적으로 준비하고, 조직하고, 검토하기
⑤ 코칭 계획과 결과, 합의된 행동 코스, 다음 세션의 토픽 등에 주의를 지속시킴으로써 고객을 세션 간 트랙(track)에 머무르게 하기
⑥ 코칭 계획에 초점을 두면서도, 코칭 프로세스에 기반한 행동과 행위를 융통성 있게 조정하고, 세션들 동안 방향 전환도 융통성 있게 하기
⑦ 논의되어지는 것과 고객이 가고 싶은 곳을 위한 상황(context)을 수립하면서, 고객이 향하고 있는 장소의 큰 그림 사이에서 앞으로 그리고 뒤로 움직일 수 있기
⑧ 고객의 자기-규율(self-discipline)을 촉진하고, 자신들이 할 것이라고 말하는 것에 대해, 의도된 행동의 결과에 대해, 관련된 시간 프레임을

가진 특정한 계획에 대해 고객으로 하여금 책임지게 하기

⑨ 의사결정, 핵심 관심사항 표현, 자신을 개발하기 위한 고객의 능력을 개발하기(피드백을 받고, 우선순위를 결정하고, 학습 속도를 정하고, 경험을 돌아보고 배우고 하기 위해)

⑩ 합의된 행동을 행하지 않았던 사실에 대해 고객이 긍정적으로 직면하게 하기

2. 코칭의 핵심 스킬 배우기

위에서 세계코칭연맹(ICF)의 핵심역량 11개의 개념을 소개하였다. 여기에서는 중복되기도 하지만, 누구나 꼭 익혀야 할 핵심 스킬 몇 가지를 배울 수 있도록 구체적으로 설명하고자 한다. 이 기본 스킬들은 별개의 역량이 아니라 상호 관련되고 연관된 관계를 갖고 있다. 실제 코칭 현장에서는 이 스킬들을 모두 사용해야 한다.

1) 인정하기(Acknowledgement)

코치와 고객은 대개 모르는 사이고 처음 만난다. 코치는 고객을 잘 모르고, 고객은 코치를 믿을 수 있는 사람인지 판단할 수 없다. 서로를 모르고 신뢰할 수 없는 관계에서 코칭은 시작될 수 없다. 코치는 고객에 대해 충분히 알아야 하고, 고객은 코치에 대한 신뢰를 가지고 자기 성장의 파트너로 인정해야 한다.

코치가 고객을 처음 만나면, 고객은 코치에 대해 경계심을 가진다. 이는 코칭뿐만 아니라 누구든지 처음 만나는 사람 앞에서는 경계하고 방어적 태도를 취하는 것은 본능적이다. 이 때 취하는 고객의 방어적 태도를 허물게 하기 위해서는 '인정(Acknowledgement)'이 필요하다. '지식을 갖게 하다'

라는 뜻으로 '알아주기'로 번역되기도 한다.

이 인정은 상대의 존재 자체(being)를 알아주는 것이다. 여기에는 옳고 그름은 없다. 고객의 태도, 생각, 의견, 행동, 믿음 등에 대해 판단하지 않는다. 따라서 당연히 비난이나 지적은 없다. 그저 내 앞에 있는 고객의 있는 그대로를 알아주는 것이다.

처음 만난 고객을 인정하기 위해서는 우선 고객의 말을 잘 듣는 것이다. 들으면서, 감탄해 주고, 긍정적 반응을 보여주고, 칭찬을 해주면서 고객에 대해 공감해야 한다. 감탄, 긍정 반응, 칭찬을 하는 방법을 알아보자.[2)]

(1) 감탄하기

감탄하기는 가장 간단한 알아주기이며, 고객의 언어, 행동, 성과 등에 대해 놀라운 반응을 보여주는 것이다. 감탄하는 방법은 '감탄사 + 사실 인정'을 하면 된다. "이야, 헤어스타일이 세련되게 바뀌셨군요.", "어머나, 표정이 밝은걸 보니, 오늘 뭐 좋은 일이 있나봐요."라고 하면 된다. 겉으로 보여지는 말씨, 표정, 동작, 복장, 버릇, 반응성, 결과/성과 등 뿐만 아니라 무엇이든지 추가할 수 있다. 고객의 작은 변화를 놓치지 않고 꼭 집어 언급해주면, 고객은 기분이 좋아지고 방어적 태도가 허물어진다.

감탄사 + (겉으로 보여지는) 사실인정(말씨, 표정, 동작, 복장, 버릇, 반응성, 결과/성과 등)

(2) 긍정 반응

고객과 처음 만나서 고객의 얘기를 들을 때는 고객과 옳고 그름을 따지는 시기가 아니다. 고객의 존재 자체를 인정하는 시간이다. 사람은 누구나 고귀한 존재이고, 독립적인 인격체이다. 상대방의 의견과 같지 않을 수는 있지만, 상대방의 존재 자체를 부인할 순 없다. 자신을 무시하는 듯한 말이나 시선

---

2) 배용관(2016, pp. 61-66)

에 분개해 끔찍한 사건이 일어났다는 신문기사를 자주 볼 수 있다. 사람은 누구나 자신의 존재 자체를 무시당하면 참을 수 없는 분노가 오른다.

그래서 처음 만난 상대의 말을 들을 때에는 우선 긍정 반응을 보여줘야 한다. 생각이 다르다고 해서 상대의 말을 자르고 끼어드는 것은 절대 피해야 한다. 고객이 충분히 자신의 말을 다 할 수 있도록 인내심을 가지고 경청해야 한다. 상대의 다양성을 인정하고, 공감해 줘야 한다.

듣는 동안 코치는 일단 'Yes'라 해야 한다. 이 'Yes'는 상대 존재를 수용하고, 상대의 의견을 일단 인정하고, 의견 표시에 감사하고, 어려운 의견은 격려를 하는 것이다. 이렇게 긍정 반응을 보이면, 상대는 '아 이 사람은 내 말을 듣고 있구나. 나란 존재에 대해 관심을 가지고, 인정하고 있구나. 최소한 나를 거부하지는 않구나.'라는 생각을 갖게 된다.

(3) 칭찬

칭찬은 상대의 존재를 인정하는 것을 넘어서 구체적인 상대의 잘한 행동에 대해 알아주기를 하는 것이다. 사실을 구체적으로 언급하고, 그 사실과 상대의 장점을 연결시키는 것이다. 그래서 인정과 별도로 분류하는 경우도 있지만, 여기서는 처음 만난 고객과의 자리에서 고객의 방어적 태도를 허물기 위한 목적으로 행해지는 경우를 가정한다.

칭찬하는 방법은 사실을 인정 + 장점을 칭찬해 주면 된다. 이때 장점은 질문으로 표현해 주면, 상대는 더 신나게 자신의 장점에 대해 설명하면서 대화가 계속 이어지고, 이렇게 대화가 진행되고 나면, 고객은 방어적 태도를 완전히 놓게 된다.

(겉으로 보여지는) 사실인정(말씨, 표정, 동작, 복장, 버릇, 반응성, 결과/성과 등) + (마음으로 느껴지는) 장점칭찬 질문(성격, 재능, 경험, 열정, 능력 등)

예) "어려운 조건임에도 이 프로젝트를 성공적으로 마치셨군요. 이 성공에서 당신의 어떤 역량이 특별히 발휘되었나요?"

〈성찰과 실습 공간〉

◘ (인정/칭찬 실습)
- A와 B, 두 명씩 짝을 지어, 5분 동안 A가 먼저 어떤 경험이나 감정을 얘기하고,
- 다 들은 후 B가 인정이나 칭찬을 하기.
- B의 인정에 대해 A가 피드백(어떤 인정이나 칭찬이 감격스러웠는지),
- A와 B의 역할 교대

2) 적극적 경청(active learning)

코칭의 스킬 중에서 가장 기본적이고 우선적인 것은 경청하기이다. 경청은 '상대를 존중하고 이해하고자 하는 마음으로, 내 안에 있는 공간(space)을 상대에게 내어주는 적극적 태도'로 정의할 수 있다.[3] 이 공간은 상대에게 어떤 평가나 판단, 비난 없이, 상대가 마음 놓고 이야기할 수 있는 공간이어야 한다.

고객의 말을 잘 듣는 것은 코치의 가장 기본적 태도이다. 귀로만 듣는 것이 아니라, 몸과 마음과 영혼을 모두 기울여 들어야 한다. 사람이 대화할 때 언어로 표현되는 것은 7% 정도에 불과하고, 비언어적 표현과 어조, 억양 등으로 90% 이상이 표현되기 때문이다.

고객의 자아실현을 돕기 위해서는 고객의 자아를 알아야 한다. 고객의 자아를 안다는 것은 고객의 마음 속 깊은 곳까지 안다라는 것이다. 고객이 하는 말은 물론이고, 고객의 감정, 가치관, 욕구까지 알아야 한다.

이를 위해서는 들리는 말을 듣는 것을 넘어서 주의를 가지고 집중해서 들

3) 박창규(2015, p. 68)

어야 한다. 그래서 적극적(active) 경청이라고 한다.

우리는 대개 상대방의 말을 열심히 듣는다고 생각하지만, 실제로 상대의 속마음을 제대로 이해하지 못할 뿐만 아니라, 듣는 동안 다른 생각을 하거나 자신의 판단, 가정 등을 갖고 선택 듣기를 한다.

제대로 듣기는 실제로 매우 어려우며, 오랜 시간 동안 훈련해야 가능하다. 이 적극적 경청이 되지 않으면 상대를 이해할 수 없고, 코칭이 이루어질 수 없다.

(1) 듣기 3단계

듣기에는 귀로 듣기, 입으로 듣기, 마음으로 듣기의 3단계가 있다.

1단계는 우선 귀로 듣는 것이다. 귀를 세우고 상대가 말하는 음성을 모두 들어오게 해야 한다. 그런데 귀로 들으면서 다른 생각을 한다면 어떻게 되겠는가? 듣는 사람이 귀만 열어놓고 온갖 다른 생각에 빠져 머리가 복잡하다면, 감정이 안정되어 있지 않다면, 제대로 들릴 리가 없을 것이다.

그래서 잘 듣기 위해서는 듣는 사람의 머리가 맑아야 한다. 복잡하지 않고 비워져 있어야 한다. 여러 가지 개인적인 걱정거리, 선입관, 고정관념 등은 소음(noise)이 되어 듣기를 방해한다. 비워진 상태에서 자신이 아니라 상대에게 모든 의식을 집중시키고 들어야 한다.

2단계는 입으로 듣기이다. 들을 때 아무 말도 하지 않고 그냥 열심히 듣기만 하는 경우와 적절한 맞장구와 질문을 하며 듣는 것 중 어느 것이 잘 듣는 것일까? 고객의 대화 내용에 따라 적절한 맞장구를 하면 잘 듣고 있다고 고객은 느낄 것이다. 고객의 대화 내용과 관련하여 적절한 질문을 던지면 고객은 더욱 상세히 자신의 속마음을 드러낼 것이다.

이때 중요한 것은 누구를 위한 질문이냐 하는 것이다. 취업 면접시험장에서의 면접관은 회사를 위해 자신이 궁금한 것을 질문한다. 코칭에서는 묻는 사람이 아니라 고객을 위해서 질문해야 한다. 내가 궁금한 것을 묻기 위해 대화의 흐름을 방해해서는 안 된다. 고객의 대화를 잘 들으면서, 고객의 상황과 고객의 감정을 이해하기 위한 질문이어야 한다. 고객의 가치관을 파악하기 위해서, 고객의 깊은 잠재의식을 들여다보기 위한 질문이어야 한다. 내가 아니라 고객을 위한 질문이어야 한다.

3단계는 마음으로 듣기이다. 입으로 듣는 것까지는 좀 알겠는데, 마음으로 듣는다는 것은 도대체 무슨 뜻일까? 귀나 입과 같은 신체 감각기관이 아니라 마음으로 어떻게 듣는다는 것인가?

마음으로 듣기는 나의 온 신체와 마음이 고객을 향하고, 고객의 깊은 속마음을 잘 이해하고, 고객의 자아실현을 지원하고자 하는 자세로 듣는 것을 말한다. 고객이 말하고 싶은 것을 듣고, 나의 기준이 아니라 고객의 기준에서 듣고, 고객의 잠재능력을 최대한 발휘해 고객의 자아실현을 지원하기 위해 듣는 것을 말한다.

여기서 중요한 것은 코치가 답을 주기 위해 듣는 것이 아니라는 것이다. 어디까지나 고객의 자아실현이므로 고객이 답을 찾도록 코치가 지원하기 위해 듣는다는 것이다.

입으로 듣기와 마음으로 듣기를 위해서는 상당히 오랜 시간 동안 훈련이 필요하다. 왜냐하면 인간은 누구나 자신의 생각이 있고, 기준이 있고, 에고ego가 있어, 이를 내려놓고 상대방에게 온전히 집중하기가 여간 어렵지 않기 때문이다.

(2) 적극적 경청의 형태[4)]

① 명료화하기(clarification)

"-라는 뜻인가요?"라며 고객의 말을 정확하게 들었는지 확인할 수 있고, 혼돈되는 내용을 명료하게 함.

② 바꾸어 말하기(paraphrasing)

-고객의 말을 코치의 말로 바꾸어 표현

-객관적인 내용을 확인하고 강조

4) 이희경(2005), 『코칭입문』, 교보문고, pp. 76-77.

③ 반영하기(reflection)

-고객의 말 중에서 감정과 관련된 부분을 바꾸어 말하는 것

-고객 속에 내재하고 있는 감정을 고객이 잘 지각하도록 함

-"마음이 상하셨군요", "끔찍했다는 말씀이시군요"

④ 요약하기(summarizing)

-고객의 말을 압축하여 2~3문장으로 말하는 것

-고객이 말을 지나치게 반복하는 것을 막을 수 있고, 진행된 대화 내용을 검토할 수 있음

(3) 적극적 경청이 어려운 이유[5)]

코칭에서 경청이 매우 중요하고, 적극적 경청을 위해 노력하지만, 이를 방해하는 많은 요인들이 존재한다. 경청에 장애가 되는 요소들을 살펴보면 다음과 같다.

① 기본적인 다양함: 성에 따른 의사소통 스타일, 문화적 차이, 세대 차이, 교육 수준과 분야, 방언

② 습관적인 장벽들

-주의분산

-가정

-이전 경험

-다음 질문 생각

-대화 끊고 끼어들기

-자신의 아젠다

-말을 너무 많이 하기

-판단하기

5) Carole Bennett & Michelle Payne(2016, p. 61)

③ 물리적 장벽들

-피로

-잡음, 아이들, 가전제품

-손가락으로 장단 맞추기와 같은 신경성 습관들

(4) 적극적 경청을 위한 핵심사항

① 우선 끝까지 듣기

상대의 말을 중간에 자르지 않고 끝까지 듣는 것이 중요하다. 인내심이 필요하며, 상대를 존중하고, 상대가 자신을 다 표현할 수 있도록 기다려주어야 한다.

② 미리 가정하거나 판단하지 않기

경청한다는 것은 상대의 마음과 견해를 듣는 것이다. 그러나 사람은 누구나 자신의 가치관과 견해를 갖고 있기 때문에, 경청하는 동안 자신의 판단과 짐작이 끊임없이 떠오른다. 이를 에고(ego)라고 하는데, 이를 내려놓고 상대에게 온전한 주의를 기울여야 한다.

③ 다음 질문을 생각하거나, 다른 생각을 하지 않기

경청하는 동안 내가 다음 할 질문을 생각하게 되면 듣는 것에 집중할 수 없다. 또한 다른 개인적인 일이나 걱정거리 등이 머리에 떠오르게 되면 상대에게 집중할 수 없다. 그러기 위해서는 듣는 사람의 머리가 맑아야 하며 마음이 비워져 있어야 한다. 넓은 공간을 비워두고, 상대의 얘기를 충실히 받아들여야 한다.

그런데 이 다른 생각에서 벗어나려 애쓰면 더 생각난다. 이 때는 메모를 짧게 하고 잊어버리거나, 제 3자의 입장에서 '음 이런 생각이 있군' 하며 바라보면서 흘려보내면 된다.

④ 상대의 시선과 맞추고, 상대를 향한 자세 갖추기

말하는 사람과의 시선을 맞추지 않고, 다른 곳으로 시선을 돌린다면, 상대는 자신에게 집중하고 있다고 느끼지 못할 것이다. 상대의 눈을 응시하고,

상대에게로 몸을 향하게 하고, 다른 불필요한 행동을 하지 말아야 한다.

⑤ 공감하고 더 말하도록 자극하기

상대의 말에 고개를 끄덕이거나 간단한 말로 공감을 표시하거나, 들은 내용을 요약하여 잘 듣고 있음을 보여줘야 한다. 코치가 자신의 말을 잘 듣고 있다고 생각되면 고객은 안심하고 더 깊은 마음을 열 것이다.

또한 고객이 더 깊은 속마음을 얘기할 수 있도록 자극하고, 요구해야 한다. "좀더 자세하게 이야기해 줄래요?", "예를 들면 어떤 게 있을까요?" 등의 요청을 받으면 고객은 더 많은 얘기를 이어나갈 것이고, 그만큼 속마음을 열게 된다.

〈성찰과 실습 공간〉

◘ (적극적 경청 실습)
- A와 B, 두 명씩 짝을 지어, 5분 동안 A가 먼저 어떤 경험이나 감정을 얘기하고,
- 다 들은 후 B가 사실, 감정, 욕구 등을 요약하여 말해주기
- B의 요약 정리에 대해 A가 피드백)
- A와 B의 역할 교대

3) 질문

(1) 질문을 하는 이유

질문의 반대말은 말해주는 것 혹은 지시하는 것이다. 상대를 고려하지 않고 말하는 사람의 생각을 전달하면 된다. 지시를 받은 사람은 지시대로 하면 되므로 책임이 없다.

그런데 사람은 스스로 결정할 때 책임감을 느끼고 의욕적으로 수행한다. 스스로 하려고 하던 일도 남이 지시하면 하기 싫어진다. 그래서 말해주는

것보다는 스스로 생각하고 고민하고 결정해야 하는 것이 좋은데, 이를 위해서는 질문을 던지면 된다.

질문 받으면 대답해야 하고, 대답하기 위해서는 생각해야 한다. 이 때 생각이 바뀌면, 행동이 바뀌고, 행동이 바뀌면 습관이 바뀌고, 이는 인생의 변화로 이어질 수 있다. 그래서 질문은 삶을 바꾸는 강력한 힘이 될 수 있다.

도로시 리즈Dorothy Leeds(2005)는 질문의 힘을 다음과 같이 설명하고 있다.[6)]

① 질문은 변화를 일으킨다.
② 질문을 하면 답이 나온다.
③ 질문은 생각을 자극한다.
④ 질문을 하면 정보를 얻는다.
⑤ 질문을 하면 마음을 열게 한다.
⑥ 질문에 답하면 스스로 설득이 된다.
⑦ 질문은 혁신을 일으킨다.

이처럼 질문의 힘은 매우 막강하지만, 우리나라에서는 질문에 호의적인 문화가 형성되어 있지 않다. 위계질서가 있는 가부장제의 사회에서는 연장자 및 상사의 지시에 따르는 것이 미덕이었고, 경제적 궁핍과 분단의 현실에서는 단합과 효율성이 먼저였다. 그 결과 개인의 다양성이 존중되지 않고, 상사의 지시에 의문을 품지 않고, 개인의 의견보다는 집단의 통일성이 더 중요하다. 치열한 대학입시 경쟁에서 승리하기 위해서는 효율적으로 정답을 찾고 외우는 것에 노력하다 보니 토론과 논쟁, 질문에 익숙지 않은 사회가 되어 버렸다.

그러나 현대사회는 다양성이 인정되어야 하는 사회이며, 각자의 의견은 존중되어야 하며, 개개인의 자아는 각기 실현되어야 한다. 이를 위해서는 타

6) 도로시 리즈(2005), 『질문의 7가지 힘』, 더난출판.

인의 생각, 의견, 가치관, 감정 등을 알아야 하며, 말하기가 아니라 질문에 의해 파악될 수 있다. 지시가 아니라 질문을 통해 상대방이 생각하도록 해야 하며, 상대의 의식이 확대되어야 하며, 상대의 자아가 표출되어야 하며, 상대가 결정해야 하며, 상대가 책임을 지도록 해야 한다. 이를 위해서는 강력한 질문이 필요하다.

좋은 질문이란, 간단하고, 명료하고, 핵심에서 벗어나지 않고, 적절하고, 건설적이며, 중립적이고, 개방형이어야 한다.[7)]

최초의 한국인 마스터 코치인 박창규(2015: 133-136) 코치도 좋은 질문에 대해 다음과 같이 정리하였다.

① 짧고 단순하고 간결한 질문
② 숨겨진 의도가 없이 투명한 질문
③ 직접적인 질문
④ 초점을 맞추어 주제에 집중하는 질문
⑤ 과거나 미래보다 현재 표현을 활용하는 질문
⑥ 긍정적인 질문
⑦ 직관을 활용한 질문
⑧ 이유나 원인을 따지는 질문보다는, 발견을 목적으로 하는 질문
⑨ 코칭 프로세스에 따라 체계적인 질문
⑩ 문제 해결 질문과 고객의 성장을 위한 성찰 질문간 균형 있는 질문
⑪ 고객의 답변과 코치의 질문 사이에 침묵(space)을 동반한 질문
⑫ 고객의 현재 존재와 초월적인 존재에 대해 성찰하는 영혼을 자극하는 질문

7) 마샬 쿡(2003), 『코칭의 기술』, 서천석 옮김, 지식공작소. p. 76.

(2) 질문의 종류

① 닫힌 질문과 개방형 질문

코칭 대화를 중단시키는 가장 빠른 방법 중의 하나는 '예' 혹은 '아니오'로 대답할 수 있는 닫힌 질문을 하는 것이다. 이와 반대로 개방형 질문은 고객에게 선택사항을 주고 더 높은 수준의 사고를 요구하도록 구축된다. 닫힌 질문과 개방형 질문의 예를 제시한 아래의 표에서 알 수 있듯이, 개방형 질문은 '어떻게'나 '무엇'과 같은 단어가 포함되어 있음을 알 수 있다.

〈표 2-2〉 닫힌 질문과 개방형 질문

닫힌 질문	개방형 질문
• 당신이 그것을 하면 당신의 인생이 바뀔 거라고 생각하는가? • 당신은 다른 대안이 있는가? • 당신 자신을 고객으로 간주해본 적이 있는가?	• 당신이 그것을 하면 당신의 인생이 어떻게 바뀔 것 같은가? • 당신이 갖고 있는 다른 대안은 무엇인가? • 당신 자신을 고객으로 간주하는 것에 대해 당신의 생각은 무엇인가?

② 질문으로 위장된 조언

어떤 닫힌 질문은 조금 교묘한 형태를 띨 수 있다. 아래의 예에서와 같이 질문자가 자신의 마음속에 답을 갖고 있다면 그 질문은 물음표를 가진 조언이 된다.

<질문으로 위장된 조언의 예>

-이것을 시행하기 전에 당신의 상사와 함께 확인해야 하지 않은가?

-당신의 배우자와 조깅하는 것은 생각해 보았는가?

이러한 질문들은 몇 개의 가능성 대신에 고객에게 한 개의 경로를 제시하는 방식이다. 위의 질문을 아래와 같이 바꾸면 지시적보다는 어떤 방안을 주도록 아이디어를 구축할 수 있다.

-이것을 시행하기 전에, 당신의 회사에서 어떤 다른 채널을 밟을 필요가 있는가?

-이 상황을 다루기 위한 당신의 선택들 중의 몇 개는 무엇인가?

③ 유도 질문

유도 질문은 코치가 가치있다고 보는 대답으로 고객을 유도하기 때문에 닫힌 질문이다. 이 질문은 암시된 판단과 함께 더 깊게 파고들어간다.

<유도질문의 예>

당신이 거금을 투자한 이 회사에 남아 있기를 원하는가?

당신은 떠나기에는 너무 많은 투자를 했다.(암시된 판단)

④ "왜" 질문

일반적인 코칭 기본교육 프로그램에서는 이 "왜"로 시작하는 질문을 가급적 하지 말 것을 권유받는다. 이 질문을 받으면 고객은 이미 취한 자신의 행동을 정당화하기 위해 방어적이 되기 때문이다.

"왜 당신은 이런 결정을 했는가?"

이런 질문은 다음과 같이 바꿀 수 있다.

"이런 결정에 이르게 된 사고 과정을 제게 말해주세요."

"이런 상황에 대한 당신의 논리는 무엇인가요?"

대개 코치들은 "왜"로 시작하는 질문을 피하지만, 비판적 사고(critical thinking)를 요하는 상황 같은 경우 유용할 수 있다. 우선순위를 검토할 때, 가능한 파급효과를 예상할 때, 한계에 도전할 때와 같은 경우에도, 이러한 강력한 "왜" 질문이 사용될 수 있다.

"이 문제가 왜 중요한가요?"

"이 결정을 왜 지금 해야 하나요?"

"왜 이것을 바꿀 수 없나요?"

(2) 강력한 질문을 설계하기 위한 팁[8)]

-열린 질문을 하라.

-중립적 언어를 사용하라.

-고객의 언어를 사용하라.

-한 번에 하나의 질문을 하라.

-질문을 구체적으로 하라.

-과거, 현재, 미래를 연결시키는 질문을 하라.

-주목할 만한 단어나 구를 반복하고 그것을 다시 질문하라.

-세션의 주제에서 벗어나면 초점을 주제로 돌려라.

-관련 질문 메모지를 만들어라.

〈성찰과 실습 공간〉

◘ (질문 실습)

- A와 B, 두 명씩 짝을 지어, 10분 동안 A가 먼저 어떤 이슈를 얘기하고, B가 질문하기,
- A가 피드백(어떤 질문이 의식을 확장시켰는지),
- A와 B의 역할 교대

4) 직관(intuition)

(1) 직관의 개념

고객의 말을 경청하고, 피드백을 하고, 고객의 의식을 확장시켜주는 질문을 하는 것은 고객에게 온전히 집중하는 것이다. 코칭은 고객의 자아실현을

8) Carole Bennett & Michelle Payne(2016, p. 80)

지원하는 대화이므로 고객에게 초점을 두는 것은 당연하다. 하지만, 코칭은 고객과 더불어 코치란 존재도 함께 있다. 고객을 비추어 주는 거울의 역할도 하지만, 코치 자신이 가지는 느낌, 성찰, 경험, 지식, 지혜 등도 고객을 위해 사용되어져야 한다.

고객과 대화하는 동안 코치의 마음속에 불쑥 떠오르는 느낌이 있다. 이를 직관이라 한다. 직관의 사전적 정의는, "판단·추론 등을 개재시키지 않고, 대상을 직접적으로 인식하는 일"(두산백과), "사유(思惟) 혹은 추리(推理)와 대립되는 인식능력이나 작용"(교육학용어사전)이라고 한다. 직관은 인간 내면의 목소리이며, 모든 사람들은 각기 다른 방법으로 직관을 감지한다.

이 직관은 옳고 그름이 중요한 것이 아니라, 그 순간 갑자기 느끼는 감정이다. 코치는 고객과 다른 경험과 다른 인생을 살고 있으므로, 고객의 삶에 대해 고객과 다른 느낌을 가질 수 있는 것이다. 이러한 직관이 고객에게 전달되면, 고객은 자신의 삶에 대해 자신이 아닌 다른 누군가의 시선이나 견해를 접할 수 있고, 이를 통해 자신을 성찰할 수 있다.

그래서 코치는 고객과 대화하는 동안 느낀 직관을 망설이지 말고 고객에게 전달해야 한다. 맞고 틀림의 문제가 아니라 그 순간 고객이 아닌 코치의 느낌이 순수한 상태 그대로 전달되면 된다. 혹시 이 직관을 고객에게 말해서 고객이 기분 상할지, 이상하게 생각할지 걱정할 필요는 없다. 그냥 전달만 하면 된다. 그 직관을 받아들이고 거부하고는 고객의 권리이다.

물론, 이러한 직관이 사용되기 위해서는 고객관의 관계 형성이 필수이다. 고객과 관계형성이 되어 있지 않고, 고객이 코치를 신뢰하지 않는다면, 이런 직관은 오해를 불러일으키거나 고객을 불편하게 만들 수 있다. 코칭의 초기 단계에서 고객과의 관계 형성은 코칭을 시작하기 위한 선결 과제이다.

또한 직관을 방해하는 요소들도 있는데, 특정한 사고, 감정, 행동양식, 두려움이나 부정직한 태도, 이기적인 태도나 자만, 잘못된 시간활용, 욕심 등이다.

(2) 직관의 핵심

코칭에서 고객을 충분히 이해하고, 고객의 잠재적 가능성을 끌어내기 위해서는 경청만으로는 부족하다. 적극적 경청을 하면서, 코치의 직관에 따른 질문을 던져, 고객의 잠재의식 영역에 연결되어, 해답이 나오도록 해야 한다. 코치의 잠재의식과 고객의 잠재의식이 연결되면, 코치의 의식 속에서 질문을 생각하기보다는, 오히려 잠재의식 속에서 나오는 직관에 따라 질문을 던져, 고객의 잠재의식 속의 가능성이나 해결책을 끌어내는 것이 더 확실하다.

이러한 직관이 가지는 힘을 몇 가지 정리하면 다음과 같다.[9)]

-자신의 행동을 파악하고 분석할 수 있게 함
-자신의 장・단점을 발견하고, 나아가 자신의 재능을 발휘하게 함
-창조적인 에너지를 갖게 함
-모든 일에서 긍정적인 면들을 찾아낼 수 있게 함
-자신감과 내적 자유를 얻게 함

에노모토 히데타케가 말하는 직관 스킬의 핵심 포인트를 보면 다음과 같다.[10)]

첫째, 코치는 생각하지 않는다.

코칭하는 동안 만약 코치가 '다음에 어떤 질문을 할까?', '지금 고객의 머리속에는 어떤 생각이 있을까?' 등을 생각하느라 코치의 머리가 복잡하다면, 코치의 의식은 고객을 향하지 않고, 자신을 향하게 된다. 코치가 생각을 많이 하고 고객이 자신의 내면을 바라다보는 생각을 하지 않는다면, 고객 내부의 해답을 찾을 가능성은 줄어든다. 이 상황에서 나온 해답은 고객의 해

9) 엘프리다 뮐러-카인츠, 『크리스티네 죄닝(2004)』, pp. 365-389.
10) 에노모토 히데타케(2004). pp. 127-135.

답이 아니라 코치의 해답이 되어 버린다.

코치는 질문을 하고 고객이 답해야 하는데, 때로는 고객이 "코치님의 의견은 어떤 것인가요?"라고 묻는 경우가 있다. 이때는 그 질문에 대한 답을 찾으려 하기보다는, "고객님은 이 경우에 어떻게 하시겠습니까?"라고 질문의 공을 되돌려주어야 한다. 만약 그래도 고객이 코치의 의견을 묻는다면, 고객의 의견을 들은 후 나중에 말하겠다거나, 제안을 하되 그 제안에 대한 고객의 의견을 다시 묻고, 결정에 대한 책임을 지도록 한다.

둘째, 코치는 예측하지 않는다.

만약 코치가 질문을 할 때 코치가 코칭의 전개나 결말을 예상하고 있다면, 코치는 직관보다는 코치의 현재의식에서 질문이 나왔을 가능성이 높다. 코치의 머릿속에서 어떤 의도나 생각을 갖고 질문하는 것이 아니라, 코치의 잠재의식 속에서 나오는 직관에 의한 질문은 예측되지 않고, 해답의 탐색이 고객의 잠재의식에게 맡겨진다.

셋째, 코치는 리드하지 않는다.

코치는 코칭에서 멋진 질문을 해서 고객을 올바른 방향으로 리드해야지 하는 생각을 해서는 안 된다. 코칭은 고객의 자아실현을 지원하는 것이고, 고객이 하고 싶은 말을 스스로 하도록 해서 고객 속에 있는 해답을 탐색하도록 해야 한다. 코치가 리드하는 것이 아니라, 고객의 파트너로서 고객의 뒤에 따르면서, 고객이 앞서 나가도록 지원하는 것이다.

코치의 질문은 고객의 대답에 연결되어 있어야 하며, 만약 고객에게 무엇을 질문해야 할지 모르겠다면, 고객에게 직접 물어보는 것이 가장 확실하다.

〈성찰과 실습 공간〉

◘ (직관 실습)
- A가 여러 명 앞에서 자신의 이슈를 얘기한 후,
- 청중은 직관을 표현하고,

- A는 각자의 직관에 대해 말없이 손으로 10점 만점 기준으로 표현해 주기

5) 메시징

코칭을 하다보면 코치가 개입을 해서 코치의 의견이 전달되어야 할 경우가 있다. 고객이 주제와 벗어난 얘기를 장황하게 하고 있을 때, 고객이 실행하기로 한 약속을 하지 않을 때, 행동을 주저하고 확신이 없어 보일 때, 고객을 성장시키는 더 좋은 방법이 있을 때, 고객이 더 많은 노력을 기울이기 원할 때, 고객의 인식을 획기적으로 변화시켜야 할 때 등이다.

이때는 코치가 개입을 해서, 고객이 주제로 다시 돌아오게 하고, 고객이 행동하도록 요구하고, 더 많이 노력하도록 요청하고, 더 좋은 방법은 제안을 해주는 것이 좋다. 코치가 개입하여 코치의 생각과 의견이 제시되는 것을 메시징이라 한다.

메시징은 코치의 생각을 고객과 공유하기 위함이며, 간결하고, 중립적이고, 적시적이어야 한다. 메시징은 고객의 대화를 돌리거나, 고객을 분발을 촉구하거나, 고객에게 책임을 지도록 요구하거나, 고객에게 다른 의견을 제시하거나, 고객이 진실과 마주하게 하는 것이다. 메시징의 목적은 고객의 약점을 드러내는 것이 아니라, 고객이 목표를 향해 앞으로 나아가도록 하는 것이다.

그래서 고객과의 관계가 충분히 형성되어 있지 않을 경우 고객이 당황하거나 기분이 상할 수도 있다. 그래서 고객과의 관계가 매우 친밀해 있어야 하고, "제 생각을 말씀드려도 될까요?"와 같이 사전에 고객의 허락을 받는 것이 좋다.

메시징은 고객이 초점을 유지하게 해주며, 조언하기와 도전하기로 나눌 수 있다.[11)]

11) CEP, pp. 321-362, 한국코칭센터

(1) 조언하기

조언하기란 어떤 사람이 행동하도록 안내하기 위해 정보와 의견을 제공하고, 권유하고, 카운슬링하는 것이다. 고객이 대안을 탐구하고 새로운 정보에 열린 자세를 갖고 있을 때 코치가 해줄 수 있는 적절한 충고이며, 올바른 조언은 무언가를 정리하고 방향을 제시한다. 순수한 조언은 고객에게 어떠한 행동을 요구하거나 기대하지 않는다. 조언하기에서 유의할 점은 다음과 같다.

- 조언하기는 고객이 답이 아니라 수많은 대안 가운데 하나로 받아들일 수 있도록 너무 빠르거나 부적절한 순간이 아니라야 한다.
- 조언은 간단명료하고, 고객의 욕구와 관련이 있는 것이어야 한다.
- 조언은 코치의 의견이 아니며, 실제 상황에 대한 경험과 전문성을 갖고 있을 때 한다.
- 요청받지 않은 조언은 비판이 될 수 있으며, 고객이 코치의 의견을 계속 간청한다면 조언이 살짝 가미된 코칭을 할 수 있다.

(2) 도전하기

도전하기는 어떤 활동, 행동, 임무와 관련된 공식적인 요구나 요청이다. 고객이 학습하고 성장하도록 촉구하고, 최선의 노력을 다하도록 도전하는 것이다. 도전은 기본적으로 시험의 의미를 가지며, 고객이 도전을 수용할 수도 있고, 거부할 수도 있다.

도전하기는 다음과 같은 형태가 있다.

- 직접적으로 도전하기
- 근원에 도전하기
- 문제에 도전하기
- 행동중단 도전하기
- 행동 도전하기
- 내면에 도전하기

-존재에 도전하기

-존재와 행동에 도전하기

-환경에 도전하기

〈성찰과 실습 공간〉

◘ (메시징 실습)

- A가 여러 명 앞에서 자신의 이슈를 얘기한 후,
- 청중은 메시징을 표현하고,
- A는 각자의 메시징에 대해 말없이 손으로 10점 만점 기준으로 표현해 주기

6) 피드백

경영의 프로세서는 계획(plan)→실행(do)→평가(see)의 과정이 반복된다. 계획 없이 충동적으로 시작되는 기업의 업무는 상상하기 어렵다. 상세한 계획하에 실행되고, 평가되고, 이 평가는 다음 계획에 투입된다. 만약 기업의 업무에서 이 피드백이 이루어지지 않는다면 어떻게 될까? 실행된 업무가 1회성으로 끝난다면 상관없겠지만, 결과를 평가하고, 잘 된 부분은 강화하고, 미흡한 부분은 보완하고, 잘못된 부분은 다른 방법으로 바꾸는 과정을 통해서 더 나은 결과를 만들어낼 수 있다.

이러한 과정은 개인에게도 마찬가지이다. 만약 어떤 사람의 행동에 대해 어떤 피드백도 받지 못한다면, 그 개인은 자신이 무엇을 잘하고 있는지 무엇을 잘못하고 있는지 알 수 없을 것이다. 나의 어떤 행위가 좋은 영향이나 결과를 가져왔다고 피드백을 받는다면 나는 이 행위를 더욱 강화할 것이다. 나의 어떤 행위가 좋지 않은 영향이나 결과를 가져왔다면, 나는 무엇이 잘못 되었는지, 무엇이 바뀌어야 하는지를 분석한 후, 다음 행위에는 다른 결과를 가져오도록 행동할 것이다. 나의 잘한 행동이 타인에 의해 인정과 칭

찬을 받고, 나의 실수나 잘못이 타인에 의해 수정을 요구받는다면, 나는 내 인생을 계속해서 개선하고 발전시켜 나갈 수 있을 것이다.

기업에서든, 스포츠 분야에서든, 개인의 삶에서든 지속적으로 발전하기 위해서는, 정확하고, 적절한 피드백이 필수적이다. 피드백은 대단히 어려운 기술이 아니라, 상대방의 존재를 인정하고, 그 사람을 사랑하는 마음이다.

코칭에서 피드백이란, 고객의 말과 행동에 대해 코치가 있는 그대로를 돌려줌으로써, 고객이 앞으로 나아가게 돕는 행위이다. 코치가 코칭의 전 과정에서 고객을 관찰한 후 고객에게 무엇을 잘하고 있는지, 무엇을 다르게 할 필요가 있는지, 어디로 가고 있는지를 말해주는 것이다.

밥 월(2007: 152)은 피드백 과정을 4단계로 체계화시켰다. 매우 단순화된 체계이므로, 누구나 쉽게 연습하고 실행할 수 있다.

1단계(서언): 나는 당신과 무엇에 대해 얘기하고 싶다.
2단계(관찰): 최근에 나는 당신의 ---점을 관찰하였다.
3단계(영향): 그 결과 미치는 영향은 이렇다.
4단계(요청): 당신이 무엇을 어떻게 해주었으면 한다.

(1) 피드백의 내용

피드백은 고객의 과거 결과, 현재의 상태, 미래의 가능성에 대해 이루어질 수 있다.

① 과거 결과 피드백

- 고객이 과거에 이룬 긍정적 성과를 객관적이고 정확하게 관찰하여 피드백과 진심 어린 격려를 해줌.
- 과거의 실패담에 집착해 앞으로 나가지 못할 때는 과거의 성공담을 떠올려, 어려운 상황에서 움츠려든 심리를 극복해 줌.
- 만약 개인적인 이전 관계가 없어 과거의 성공담을 모른다면, 대화중에서 파악을 하거나 어떤 발전이 있었는지 직접적으로 질문을 함.

② 현재 상태 피드백

- 태도나 행위: 고객의 언어적 메시지뿐만 아니라 비언어적 메시지, 즉 행동, 표정, 태도 등의 변화를 파악하여 수시로 의미 있는 피드백을 해줌.
- 가치관 확인: 고객이 하고자 하는 선택이나 결정이 고객의 가치관과 부합하는지 확인.
- 현재 위치 확인: 목표 대비 현재 위치를 파악. 10점 중 현재 위치를 점수로 표현.

③ 미래 가능성 피드백

- 고객이 긍정적 사고를 갖고 개인적 포부와 희망을 분명하게 밝히도록 요청.
- 목표를 달성하는 일이 고객에게 얼마나 중요한지, 목표를 달성했을 때 느끼는 성취감은 어떤 것인지 일깨워 줌.
- 고객이 자신의 약점에 너무 집착하지 않도록 하고, 고객의 장점과 특징 중에서, 고객의 성장과 발전에 도움이 될 만한 요소를 정확하게 피드백 해줌.

(2) 피드백의 종류

① 지원적 피드백(supportive feedback): 칭찬과 인정

지원적 피드백은 긍정적 피드백이다. 고객의 견해를 존중하고, 고객이 행한 것을 인정하고 칭찬하는 것이다. 고객의 행동을 격려하고 지지하여 더욱 강화하도록 하는 것으로 인정과 칭찬이 있다.

적극적 경청이 이루어지면, 고객의 생각, 감정, 가치관, 정체성, 성과 등 많은 것을 알게 된다. 이것들을 인정하고 칭찬하는 것은 고객과의 관계형성을 원활하게 하고, 고객의 사기를 북돋우는 역할을 한다.

이 세상을 사는 사람은 누구나 무시보다는 인정받기를 바라고, 비난보다는 칭찬받기를 원한다. 인정과 칭찬은 비용도 발생하지 않으며, 상대에게 줄 수 있는 최고의 선물이다. 나를 무시하고 비난하는 사람과 만남이 즐겁고

비즈니스를 하고 싶은 사람이 누가 있겠는가? 코칭에서 고객은 소중한 사람이고, 요금을 지불하는 사람이다. 고객에게 훈계하고, 지시하고, 비난하고, 사기를 저하시키는 말을 하는 코치에게 코칭받고 싶은 고객이 누가 있겠는가?

물론 고객을 비난하는 코치야 없겠지만, 인정과 칭찬에 익숙하지 않은 코치는 많다. 인정과 칭찬에 인색한 한국사회에서 생활해 왔기 때문이다. 그래서 이 인정과 칭찬을 하기 위해서는 많은 노력이 필요하다. 의도적인 훈련과 반복을 통해 습관화가 되어야 한다. 용기도 필요하다. 인정과 칭찬을 하면 왠지 얼굴 간지럽다고 생각하는 사람도 많다.

우선, 인정과 칭찬의 의미부터 살펴보자

칭찬이란 일을 잘 했을 때 해주는 보상과 동기부여이다. 심리학적인 측면에서 보면, 어떤 행동에 대해 보상을 해주면 그 행동이 이후에도 반복될 가능성이 높다고 한다. 칭찬은 잘 한 것을 잘했다고 말해주는 것이다. 잘못한 것을 잘 했다고 할 수는 없다.

그래서 칭찬을 하려면 칭찬거리를 찾아야 한다. 단점이 아니라 상대의 장점에 집중하고, 포괄적보다는 구체적으로 표현되어야 한다. 3자를 통한 간접적인 칭찬이 더 큰 효과를 발휘하고, 결과만이 아니라 과정도 칭찬할 수 있다. 특히 한국사회에서 칭찬을 하려면 상당한 용기가 필요하며, 습관화될 때까지 의도적이고 반복적인 훈련이 필요하다.

부하에게 효과적인 칭찬을 해주기 위한 가이드라인을 참고해 보자.[12)]

- 진심으로 감사하게 생각하고, 가슴으로부터 우러나오는 칭찬을 하라.
- 가급적 빠른 시간 내에 칭찬을 해 줘라.
- 부하가 한 일에 대해서 당신이 왜 감사하는지를 구체적으로 말해줘라.
- 칭찬을 자주 해 줘라. 칭찬 목표를 세우고, 기록해라. 더 자주 칭찬하겠다는 의도도 알려줘라.
- 공개적으로 칭찬하라.

---

12) 밥 월(2007), pp. 173-176.

- 부하들이 칭찬을 겸손하게 과소평가하거나 부끄러워하지 않도록 하라.
- 칭찬이 자기만족으로 귀착되지는 않음을 기억하라. 코칭은 칭찬뿐만 아니라 교정적 피드백을 포함하므로, 진심으로 감사하고 칭찬하면 직원들과 좋은 유대관계 유지와 동기부여에 도움이 된다.

칭찬이 고객의 행동(doing)에 대한 것인데 비해, 인정은 상대의 존재 자체(being)를 인정하는 것이다. 장점이든 단점이든, 나와 같은 생각이든 다른 생각이든, 세상에 오직 하나밖에 없는 그 사람의 존재 자체를 인정하는 것이다. 특별히 칭찬하지 않아도 되지만, 비난은 절대 금물이다. 비난은 그 사람의 존재 가치를 부정하는 것이기 때문이다. 그저 그 사람의 모든 것을 알아주고, 있는 그대로 봐주고, 말해주면 된다.

코칭은 고객 내면의 리소스(resource)를 나오게 하여 고객을 임파워(impower)시키는 것이므로, 어떤 표면의 칭찬보다, 그러한 행동을 하게 된 내면의 것들을 인정해 주어야 한다. 인정의 대상에는 시각의 전환, 노력과 변환의 과정, 강점과 역량, 특별한 의미나 가치, 비전, 정체성(박창규 2015: 185) 등이 있다. 고객의 잘 한 행동이 어떻게 해서, 어떤 과정을 거쳤는지, 어떤 가치관을 가지고 평소에 노력했기에 가능했는지를 인정해 주어서, 좋은 결과에 대한 의미를 고객이 스스로 깨닫게 해서 파워를 가지도록 하는 것이다.

칭찬을 인정으로 바꾸는 방법으로 "~을 하더니", "~을 하는 것을 보니" 등을 사용하여 결과와 연결해주면 된다. 예를 들면, 학생이 길에서 지갑을 주워 주인에게 돌려줬을 경우, "지갑을 돌려줬다는 얘기를 들었어. 정말 잘했어."라는 칭찬은, "평소 너는 자신의 노력으로 얻은 것을 소중히 생각하고 있더니, 역시 너답게 지갑을 돌려주었네. 정말 너 다운 행동이야. 훌륭해."라는 인정으로 바꿀 수 있다. 칭찬과 인정 중 과연 어느 것이 고객에게 파워를 줄 수 있을지 분명해 보이지 않는가.

② 교정적 피드백(corrective feedback)

고객이 미흡하거나 잘못한 것이 있을 수 있다. 이것들에 대해 사실적으로 다루고, 개선될 수 있도록 하는 것으로 건설적 피드백 또는 발전적 피드백이다. 지원적 피드백이 고객의 잘한 부분이 반복되고 더 강화되도록 하는 피드백이라면, 교정적 피드백은 고객의 행동이 개선되거나 변화하도록 하는 것을 위함이다.

이 교정적 피드백을 할 경우 코치는 매우 신중해야 한다. 코치가 고객을 비난하거나 질책해서는 안 된다. 비난과 질책을 하면 고객이 용기를 잃게 되고, 움츠려들게 된다. 과거의 행동 자체를 힐난하는 것이 아니라, 과거의 행동이 변화되어 고객이 성장하고 발전하도록 하는 것이 목적이다. 고객과 함께 고객의 행동을 객관적으로 돌아보고, 더 나은 방안을 탐구해보고, 고객이 결심하고 행동하도록 해줘야 한다.

교정적 피드백과 관련하여 종종 제기되는 질문들이 있다.[13)]

질문) 교정적 코칭은 칭찬과 같이 시작되거나 마무리되어야 하는가?

아니다. 평소에 주기적으로 자주 칭찬해 주고 있다면, 직원들은 자신들이 잘 한 일에 인정을 충분히 받고 있다고 생각한다. 권한을 가진 일방적 지시가 아니라, 직원들이 일을 가장 잘 할 수 있도록 돕기 위한 파트너십 과정임이 인식되어야 한다.

질문) 하나의 대화중에 칭찬과 훈육이 동시에 해줄 것인가?

업무를 시작하는 신입직원이나 새로운 업무를 익히는 기존 직원의 경우에는 그러하다. 잘 한 일은 잘 했다고 하고, 더 배워야 할 것은 무엇인지 분명하게 알려줘야 한다.

---

13) 법 월(2007), pp. 188-192.

질문) 교정적 코칭은 개인적으로 해 주어야 하는가?

일반적으로는 그렇다. 개선할 점이 있는 부하에게 개선할 점만 알려주면 되지, 공개적으로 망신을 줘서 자존심을 상하게 할 필요는 없다.

그러나 회의 시간 지각, 안전 규정 위반, 성적 차별 발언 등 결코 용납될 수 없는 행동에 대해 모든 팀원들의 경각심을 일깨우자 할 때는 공개적으로 분명히 밝혀야 한다.

질문) 나의 코칭에 대해 신통치 않은 반응을 보였을 때 어떻게 해야 하는가?

모든 사람이 단 번에 나의 코칭을 완전히 이해하고 동의하기란 쉽지 않다. 어떤 형태로든 부하가 어색한 반응을 보였을 때는 코칭 대화가 끝난 것이 아니다. 부하가 내 말을 완전히 이해하지 못 했을 수도 있다. 부하가 "노력할께요."처럼 애매한 대답을 한다면 구체적으로 무엇을 할 것인지 물어야 한다.

질문) 교정적 코칭은 쌍방향 대화인가?

그렇다. 상사가 기대하는 바를 부하가 정확히 이해하지 못 했을 수도 있고, 직원이 필요한 기술을 가지지 못 했을 수도 있고, 조직 내 어떤 상황이 방해물일 수도 있다. 이러한 것들을 정확히 파악하려면, 직원과의 쌍방향 대화가 이루어져야 한다.

(2) 피드백 유의사항

사람은 누구나 자신의 행위에 대해 타인으로부터 평가를 받을 때 긴장을 하게 된다. 유교 사상이 널리 퍼져 위계가 있는 한국 사회에서 남을 평가하는 것은 금기이거나 가급적 하지 않는 것이 상책이다. 기업에서 상사가 부하에게 피드백을 할 때 성과가 좋으면 상관 없어나, 성과가 좋지 못한 직원에게 피드백을 줄 때는 상당히 조심스럽고 부담스럽다.

고객의 성장을 위해 꼭 필요한 코칭 스킬인 피드백은 고객의 견해나 행동을 돌려주는 것이므로, 세심한 주의가 필요하다. 지원적 피드백인 칭찬과 인정도 그 정도가 과하지 않아야 한다. 그 정도가 과하면 코치의 진정성이 의심을 받을 수 있기 때문이다.

교정적 피드백은 코치의 판단과 선입견이 들어갈 경우 불필요한 오해를 살 수 있고, 비난과 질책이 될 수도 있으므로, 많은 훈련과 연습이 먼저 있어야 한다. 피드백 내용이 너무 막연하거나 일반적이어서 무의미한 피드백(insignificant feedback)이어서는 안 되고, 고객에게 상처나 절망을 주어 고객의 사기를 떨어뜨리는 학대적 피드백(abusive feedback)은 금해야 한다.

고객과 충분한 대화를 나누지 않았거나 신뢰가 아직 형성되어 있지 않아서, 관계 형성이 되어 있지 않거나, 세심한 준비 없이 피드백이 이루어져서는 안 된다.

지원적 피드백이든 교정적 피드백이든 고객을 존중하고, 고객이 더 나아가도록 지원하고, 고객을 진정으로 소중히 하는 마음에서 나와야 한다.

리처드 윌리엄스는 피드백을 줄 때 다음과 같은 10개 사항들을 유의해야 한다고 하였다.[14]

① 계획을 수립할 것: 피드백을 주기 전에 생각을 정리하고 확실한 예를 들면서 전달해야 하며, 고객에게 도움이 되는 방향을 미리 생각해야 한다.

② 명확하게 하라: 고객이 코치의 의도를 추측할 필요가 없도록, 실제로 무슨 일이 발생했는지 파악하고, 명확한 예를 들어 피드백을 해야 한다.

③ 구체적인 행동에 집중하라: 고객의 성격이나 태도 등에 대한 피드백은 구체적 사항 없이 일반적이어서 그 사람 자체에 대한 평가로 들릴 수 있다. 눈에 보이거나 평가될 수 있는 특정 행동에 초점을 맞추어야 한다. 예를 들면 지각한 사원에게 지각한 행동에 대해 얘기하지 않고 근무 태도가 안 좋다든지 게으르다든지 하는 말을 해서는 안 된다.

14) 리처드 윌리엄스(2007), pp. 39-49.

④ 시간과 공간을 배려하라: 이것은 피드백이 얼마나 신속히, 그리고 어떤 장소에서 전달되느냐를 말한다. 고객이 바쁘거나 심리가 불안한 시간을 피하고, 소음이나 타인들로부터 방해받지 않는 장소를 정해서, 고객이 편안한 마음으로 피드백을 수용할 수 있어야 한다.

⑤ 균형을 유지하라: 지지적 피드백과 교정적 피드백 사이에 균형이 있어야 한다.

⑥ 침착하게 하라: 피드백을 줄때 감정적이 되거나 과잉 반응을 해서는 안 된다. 코치는 감정에 좌우되지 않고 차분하게 사실에 근거하여 있는 그대로를 고객에게 돌려주어야 한다.

⑦ 효과적인 기술을 사용하라: 요점 말하기, 눈 마주치기, 중요한 한 가지 문제에만 집중하기 등의 기술을 효과적으로 사용할 필요가 있다.

⑧ 효과적인 스타일을 사용하라 : 코칭의 분야가 다양하므로 코치에 따라 피드백을 전달하는 스타일이 다 같지는 않을 것이다. 주 고객층에게 효과적이도록 코치 자기 나름대로 일정한 방식을 개발하고 수정할 필요가 있다.

⑨ 느낌을 표현하라: 피드백 시 코치의 솔직한 느낌을 고객에게 전달해야 한다. 고객을 위한 진정성을 가지고, 고객의 행위와 결과에 대해 오랜 코칭 경험과 지식에 따라 느낀 점은 고객의 성장을 위해 고객에게 전달되어야 한다. 이는 코치의 존재 이유이기도 하다.

고객이 어떻게 받아들일지에 대해 지나친 염려를 할 필요는 없다. 코치의 진정성을 알고 있는 고객이라면, 코치의 의견을 경청할 것이고, 그 의견을 받아들일지 아닐지는 고객의 자유로운 의사에 따르면 되기 때문이다.

⑩ 경청하라: 코칭에서 대화는 고객과 쌍방향 의사소통이 원칙이다. 피드백도 코치의 일방적 의사전달이 아니다. 피드백 내용에 대해 고객이 자신의 의견을 표현하고 코치는 잘 들어야 한다.

코칭에서 피드백의 궁극적인 목적은 고객의 성장이다. 코치의 피드백에 대해 고객이 어떤 생각을 가지는지, 어떤 수용과 성찰이 있었는지, 그래서 앞으로 무엇을 변화해야할 지에 대해 고객과 코치는 의견을 나누어야 한다.

〈성찰과 실습 공간〉

◘ (피드백 실습)
B의 어떤 행동에 대해 A가 피드백해 주기
-밥 월(2007, p. 152)의 피드백 4단계를 참조

1단계(서언): *나는 당신과 무엇에 대해 얘기하고 싶다.*
2단계(관찰): *최근에 나는 당신의 ---점을 관찰하였다.*
3단계(영향): *그 결과 미치는 영향은 이렇다.*
4단계(요청): *당신이 무엇을 어떻게 해주었으면 한다.*

- A와 B 교대하기

7) 행동 설계하기

코칭은 해결책을 알려주는 컨설팅과 달리 목표를 달성하기 위한 구체적인 실행을 계획하고 점검하여, 고객의 목표 달성이 실제로 이루어지도록 돕고 있다. 고객과의 일회성 상담이 아니라 일정기간 동안 지속적으로 이루어지는 코칭 세션을 통해, 고객의 궁극적인 목표가 이루어지도록 한다는 점에서 다른 경영이론과 차별화되고, 코칭이 특히 강력한 힘을 갖는 이유이기도 하다.

코칭에서는 바람직한 결과와 그 결과를 달성하기 위한 행동 설계를 고객이 한다. 코칭의 최종 제품은 측정이 쉬울 수도 있고, 무형일 수도 있다. 신체적 행동뿐만 아니라 확장된 사고와 학습일 수도 있다. 코칭에서의 행동 설계는 언제나 고객의 가치에 기반한 것이어야 한다.

고객이 원하는 미래를 설정했으면, 현실을 정확히 인식하고, 현실과 원하는 미래간 간격(gap)을 메울 수 있는 방법을 찾아야 한다. 다양한 측면에서 여러 가지 대안들이 개발되어야 하는데, 고객이 기존에 갖고 있는 사고의 틀로는 혁신적 대안을 찾을 수 없다. 왜냐하면 고객이 자신의 안전지대에 머물러 있기 때문이다.

일상적 습관, 무의식 상태에서의 작동, 실패에 대한 두려움, 타인과의 비교의식 등으로 인해서, 고객은 안전지대에 머무르는 것에 익숙하고, 이런 안전지대에서 고객 스스로의 의지로 빠져 나오는 것이 쉽지 않다.

바로 이때 코치가 필요하다. 코치는 제 3자의 객관적 위치에서 고객이 갇혀 있는 사고의 틀을 깨도록 도와준다. 인식을 전환하는 질문, 직관, 메시징 등을 통해 고객이 사고의 상자 바깥으로 고객을 나오게 도와준다. 일단, 고객이 자신의 상자 밖으로 나오게 되면, 기존에 생각지 못했던 전혀 새로운 대안, 정말 놀라운 대안, 상당히 창의적이고 혁신적인 대안 등을 찾을 수 있다.

코칭은 고객의 주도로 고객이 변화하고 성장하는 것이므로, 당연히 대안을 찾는 것도, 결정을 하는 것도 고객이 한다. 코치는 고객의 의식을 확장해 줄 뿐이다. 교사나 부모, 상사가 아니라 고객이 바람직한 결과와 행동 설계를 한다. 또한 학습도 고객의 학습 속도에 맞춘다.

코칭에서 대안을 찾을 때는 당면한 문제 해결만을 목표로 하지 않는다. 현재 부닥친 문제의 근원을 찾고, 그 문제를 넘어선 문제를 보면서, 근본적인 해결책을 찾고, 고객이 더 학습하도록 유도하고, 새로운 사고와 새로운 학습을 통해 고객이 더 성장하도록 유도한다. 다시 말해서 문제 해결을 넘어, 고객의 가치와 행동을 일치시키고, 어떤 존재(being)가 되어야 할 것인지를 고민해서, 고객이 성장할 수 있도록 행동 설계를 한다.

다양한 아이디어를 얻기 위한 하나의 방법으로 브레인스토밍(brain storming)을 이용할 수 있다. 브레인스토밍은 양에 초점을 맞추고, 판단이나 비판을 유보하고, 급진적이거나 엉뚱한 아이디어도 받아들여 최대한 많은 아이디어가 나오도록 해야 한다. 그 후 이 아이디어를 결합하거나 개선해서 더 나은 아이디어를 만들어 낼 수 있다.

이 행동 설계에서 코치가 사용할 수 있는 질문들의 예는 다음과 같다.

-지금 가정하고 있는 것이 정말 사실인가요? 증거가 있거나 확인된 가정인가요? 그 가정이 사실과 다르다면 무엇이 달라지나요?
-지금 앞에 있는 문제는 해결되어야 하는 문제인가요? 사라지게 할 수 있는 문제인가요?
-어떤 방안들을 생각해 볼 수 있을까요?
-만약 그러한 장애/제약 조건이 없다면 어떻게 할 수 있을까요?
-지금 이 상황을 긍정적 표현으로 바꾸어 본다면 어떻게 표현할 수 있을까요?
-상황을 그대로 두고, 당신 스스로 바꾸어 볼 수 있는 게 있다면 어떤 것이 있을까요?
-당신의 가치관과 일치하는 방법은 무엇인가요?
-당신이 알고 있는 가장 존경하고 유능한 사람에게 물어본다면, 어떻게 대답할까요?
-하나만 더 생각해 본다면 어떤 방법이 있을까요?
-마지막으로 하나만 더 생각해 본다면 어떤 방법이 있을까요? 정말 마지막으로 하나만 더...
-이 중에서 어떤 대안이 가장 멋진 결과를 가져올까요?
-이 해결방안의 리스트를 만들고, 가장 우선적으로 해야 할 대안은 무엇일까요? 당장 실행할 수 있는 대안은 무엇인가요?

〈성찰과 실습 공간〉

◘ (행동 설계하기 실습)
B의 어떤 자신의 이슈나 목표를 얘기하고, 이에 대해 A가 행동 설계하기
- 위 본문의 질문들을 참조
- A와 B 교대하기

8) 코칭 프레즌스(Coaching Presence)

(1) 코칭 프레즌스의 이해

세계코칭연맹(ICF)에서 제시한 11개의 핵심 역량 중 네 번째 역량인 코칭 프레즌스는, 아마도 가장 정의하기 어려운 역량이라 할 수 있다. 한 마디로 간단히 설명하기 어려운 개념이며, 여러 가지가 함께 어울린 복합적 개념이다.

프레즌스(presence)의 단어적 의미는 '존재', '있음', '출석', '풍채', '영향력' 등의 뜻이다. 코칭이 존재해 있음을 말하는데, 이를 좀더 설명하기 위해서 코칭 관계가 존재하지 않는 일반 관계와 코칭이 존재하는 코칭 관계를 비교 설명할 필요가 있다.

〈그림 2-1〉을 보면 일반 관계는 사람과 사람 사이의 관계를 나타내고 쌍방향이다. 대화를 통해 서로 영향을 주고받는 관계이다. 이러한 인간관계는 쉽게 끊어지기도 하고, 오래 지속되면 정이 생기고, 사람과 미움, 집착 등이 생긴다. 감정의 기복에 따라 관계의 정도가 달라진다.

이에 비해 코칭 관계를 보면, 고객과 코칭 관계는 쌍방향적이다. 고객은 코칭 관계에 영향을 주기도 하고 받기도 한다. 그러나 코치는 코칭 관계로부터 영향을 받지 않는다. 더 중요한 것은 고객과 직접적인 관계를 만들지 않는다. 고객과 감정을 쌓아 관계가 임의로 달라지기보다는 코칭 관계를 통

해 고객과 소통하고 공감하면서도, 고객의 감정에 휘말리지 않고 평정심을 유지할 수 있다. 매우 역량있는 코치도 가족이나 지인을 코칭하는 것이 어려운 이유는 고객과의 일반 관계가 이미 형성되어 있어 코칭 관계를 유지하기 어렵기 때문이다. 이 경우 다른 코치에게 연결하여 상호 교환하는 품앗이를 하기도 한다.

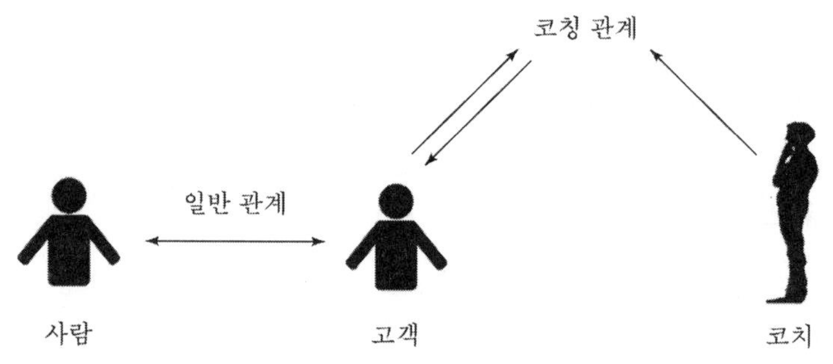

〈그림 2-1〉 일반 관계와 코칭 관계

세계코칭연맹(ICF)에서는 코칭 프레즌스를 '개방적이고, 유연하고, 자신감 있는 스타일 속에서, 완전히 의식적이 되는 능력, 고객과 자연스러운 관계를 만들어내는 능력(Ability to be fully conscious and create spontaneous relationship with the client, employing a style that is open, flexible and confident)'이라고 정의하고 있다.[15] 이 정의에서 유연한 상태, 온전히 깨어 있기, 편안한 관계 등이 핵심 단어일 것이다.

ICF에서 추가적으로 설명된 세부사항들을 보면 다음과 같다.

① 그 순간에 함께 춤을 추면서(dancing in the moment), 코칭 프로세스 동안 존재해 있고 융통성을 갖추기

② 자신의 직관에 접근하고, 자신의 내면의 앎(inner knowing)을 신뢰하기

---

15) 세계코칭연맹, 2017.2.16.,http://coachfederation.org/credential/landing.cfm?ItemNumber=2206&navItemNumber=576

③ 알지 못함(not knowing)에 대해 개방되어 있고, 위험을 감수하기

④ 고객과 함께 일하는 많은 방식들을 알고, 그 순간에 가장 효과적인 방식 선택하기

⑤ 밝고 에너지가 넘치도록 유머를 효과적으로 사용하기

⑥ 확신 있게 관점을 전환하고, 자신의 행동에 대해 새로운 가능성을 시험하기

⑦ 강한 감정을 가지고 일하면서 확신을 보여주고, 자기-관리를 할 수 있고, 고객의 감정에 의해 압도되거나 곤란에 빠지지 않기

Carole Bennett & Michelle Payne(2016: 57)은 코칭 프레즌스를 다음과 같이 묘사하고 있다.

> "코치는 코칭 대화 동안 완전히 함께 존재해야 하며, 고객에게 완전하게 연결된 관찰자이다. 이 연결은 고객이 누구인지, 고객이 어떻게 배우는지, 고객이 코치에게 무엇을 가르쳐야 하는지의 전반에 관한 것이다. 코치는 고객에 의해 영향을 받을 준비가 되어 있고, 코치와 고객 둘 다를 위한 공명(resonance)을 만드는 신호를 환영한다. 코치는 행동할 필요와 상관없이 완전한 호기심을 보여야 한다. 코치는 고객과 완전히 파트너된 대화 속에 있어야 하고, 기꺼이 영향 받기 쉬운 상태(vulnerable)이어야 한다. 코치는 코칭 프로세서 동안 가치가 내재되어 있다고 믿어야 한다."

코칭 프레즌스에 대한 이들의 서술은 ICF의 정의와 상당부분 중복된다. 연결된 관찰자이고, 고객 전반을 의식해야 하고, 호기심을 보여야 하고 대화의 파트너라야 한다는 것이다. 여기서 코치와 고객 사이의 공명(resonance)을 만들어야 한다는 것이 주목할만하다. 공명이란 '깊이 공감하여 함께 하려는 생각'을 말한다. 고객과 코치간에 함께 하는 울림이 있어야 한다는 것이다.

코칭 프레즌스는 코칭 동안 코칭이 제대로 구현되고 있느냐를 보는 종합적 차원이다. 코칭에서 가장 상위의 개념으로 볼 수도 있으며, 코칭하는 동

안 코칭의 각 핵심 역량들이 충분히 나타날 때 코칭 프레즌스 역량이 훌륭하다고 판단할 수 있다.

코칭 프레즌스에서 나타나는 많은 핵심 단어 중 특히 근원적인 것으로 판단되는 것은, 온전히 깨어 있기(fully conscious), 관계(relation), 고객과 함께 하기(dancing with the client), 개방적인(open), 공간(space) 등이라 생각되며, 이것들을 중심으로 간결한 정의를 내려본다면 다음과 같다.

"고객과 온전히 깨어 있는 연결과 개방적인 공간을 만드는 것"

(2) 코칭 프레즌스의 핵심 개념

▶ 존재의 방식(a way of being)

코칭 프레즌스(coaching presence)라는 단어를 들으면 무엇이 떠오르는가? 구체적인 무엇이 만져지지는 않지만, 뭔가 함께 있다는 느낌이 들것이다. 바로 이 무엇, 어떤 존재(being)가 코칭의 중앙에 있다. 코칭에서 존재(being)는 매우 중요한 개념이며, 가장 근본이다. who, what, how 중에서 who에 관한 것이다. what은 목표를, how는 방법을 뜻한다면, who는 바로 어떤 한 사람의 인간 그 자체를 말한다. 코칭에서 코치는 고객이라는 존재에 초점을 두어야 하며, 이 고객 존재를 충분히 탐구하고 이해해야 한다. 고객이 말하는 이슈보다 고객에게 집중해야 하고, 고객의 이슈에 해결책을 주기보다, 고객 스스로 답을 찾도록 고객을 지원해야 한다. 따라서 고객은 정말 누구인가? 그 이슈는 고객에게 어떤 의미를 갖는가? 그 목표를 달성하기 위해 고객이 어떤 대안을 찾도록 지원할 수 있는가?를 탐색해야 하며, 이를 위해서 가장 먼저 해야 하고, 항상 중심에 세워야 하는 것이 바로 이 존재(being)이다.

코칭은 바로 이 존재의 방식(a way of being)이다. 이 존재의 방식은 코칭의 어조(tone)를 형성할 것이다. 이 존재의 방식은 고객의 학습 정도에 영향을 미친다. 코칭은 고객에게 때로는 뒤에서 지켜보는 방식으로, 때로는 고객에게 강하게 자극하는 방식으로, 때로는 더욱 혼합되고 다양한 방식으로 고객과 함께 존재할 것이다. 코칭의 존재 방식은 고객마다, 코치마다, 상황마다 수 없이 다양한 방식으로 존재하고 변화할 것이다.

▶ 스페이스space

코칭 프레즌스는 활성화 공간(enabling space)을 창조하는 것에 관한 것이다. 고객을 위한, 코치를 위한, 학습을 위한 공간을 만드는 것이다. 이 공간(space)이란 개념은 코칭을 처음 접하는 사람에게는 좀 생소한 개념이지만, 단계가 높아질수록 더 다가오는 개념이다.

코칭은 코치와 고객이 특정한 장소에서 만나, 특정한 방식으로 진행되며, 고객의 존재를 충분히 이해하고, 고객과 함께 있는 시간이다. 만나는 물리적 장소도 조용하고 평온해야 하며, 코치도 고객의 모든 것을 담을 수 있도록 성숙해야 한다. 코칭을 하는 그 공간은 고객이 자신을 표현할 수 있어야 하며, 자신의 내면 의식을 볼 수 있어야 하며, 새로운 학습이 일어날 수 있는 공간이어야 한다.

연민(compassion)과 공감(empathy)을 가지고 코치는 고객이 어렵거나 불편한 이슈를 표현하고 다룰 수 있도록 안전한 공간(safe space)을 가져야 한다. 코치는 이런 불확실하고 어려운 감정과 함께 앉아 있는 것에 편안해져야 한다. 고객의 이런 감정에 빠짐이 없이, 고객이 이러한 감정과 함께 앉아 있고 탐색하도록 도와야 한다. 코치는 고객이 어려운 이슈를 탐색하도록 도울 동안 조용하고, 두려움 없고, 사려 깊은(mindful) 상태라야 한다.

▶'그 순간을 춤추는(dancing in the moment)'

코칭 프레즌스는 고객과 그 순간에 존재하는 것(being in the moment)(Hall, 2013)이다.[16] 과거에 관해 생각하는 것도 아니고, 미래에 대해 걱정

16) Hall, L (2013) *Mindful Coaching, How mindfullness can transform coaching practive*, Kogan Page, London.

하는 것도 아니다. 바로 지금 일어나고 있는 일에 진정으로 관심이 있고 궁금해 하는 것이다. 오로지 이 코칭 관계에만 당신의 모든 주의를 집중하는 것이다.

코칭은 티칭과 다르다. 누군가가 컴퓨터에 대해 많은 지식을 갖고 있으면, 컴퓨터에 어려움을 겪고 있는 사람들의 문제를 해결해 줄 수 있다. 그러나 코칭에서는 고객을 문제(problem)로 보지 않고, 자신의 내부에 해답을 가진 전인적 인간(whole person)으로 본다.

코치는 고객의 가치관, 우선순위, 강점, 두려움 등을 잘 모른다. 그것들은 고객이 더 잘 안다. 따라서 코치는 티칭을 통해 고객을 리드하는 것이 아니라, 고객이 자신의 상황에서 취할 수 있는 어떤 가능성을 발견하도록 지원해야 한다. 고객이 '그 순간을 춤추는(dancing in the moment)'이라고 하는 자발적인 학습 경험으로 고객을 유도해야 한다.

여기서 '그 순간을 춤춘다'라는 뜻을 좀더 자세히 설명하면,[17] 다음과 같다.

① 코치가 아는 것은 제쳐두고, 동등한 수준에서 고객의 생각을 나누기 위해 고객을 초대하기
② 고객이 코칭과 코칭 툴의 선택을 주도하기
③ 바로 지금 발생하고 있는 것에 반응하기
④ 결과가 어떻게 될 것인가의 앎 없이 변화 관리인으로 행동하기
⑤ 한 번에 하나가 아니라 다양한 관점에 개방적이기
⑥ 코치의 성과를 무시하고, 고객의 학습에 초점을 두기

▶ **동등한 관계**

코치와 고객 관계는 동등하고, 두 사람간의 다양성에 대해 가치가 매겨져야 한다. 코치는 고객을 존경하고 신뢰해야 하며, 고객 사적으로 판단해서는 안 된다. 다양성에 대한 가치 작업(valuing)과 고객에 대한 존경은 코치의

17) Carole Bennett & Michelle Payne(2016, p. 47)

존재(being) 속에서 빛나야 한다. 코칭을 지속하려는 마음은 제쳐 놓아야 한다. 가능한 한 코치의 개인적인 요인들은 옆으로 제쳐 놓아야 한다.

▶ 직관(intuition)을 사용하기

바로 지금 발생하고 있는 것에 반응하기 위해서는, 자신의 본능(instinct)에 따라 행동하고, 자신의 직감(gut feeling)을 따라야 한다. 직관을 인지하고 행동하는 능력은 비실증적 자원으로부터 나오는 인상(impression)을 얼마나 기꺼이 믿느냐에 달려 있다. 직관은 예감, 시각적 이미지, 감정이나 에너지의 갑작스런 전환, 코칭 질문 등 예상치 못한 다양한 방식으로 나타날 수 있다.

당신의 예감(hunch)은 꼭 옳을 필요는 없다. 당신이 해야할 것은 질문의 구조를 만드는 것이다. 옳든 틀리든, 직감은 고객으로 하여금 행동이나 더 깊은 학습에 이르게 할 때 가치가 있다.[18)]

▶ 개방성과 융통성이 있고 부드러워야

코치는 고객과 함께 하기 위해서 자기 자신과 고객에게 개방적이고 열려 있어야 한다. 현재의 어떤 상황에도 열려 있어야 하며, 불확실성, 모호성, 취약성에도 내성이 있어야 한다. 깊은 경청이 이루어지고, 모든 가능성에 대해 개방되어 있으며, 따뜻하고, 결과에 매이지 않아야 한다.

코치는 물처럼 부드러워야(fluid) 한다. 고객의 니즈에 융통성 있고, 적응적이고, 반응적이어야 한다. 코치의 직관과 창조성은 고객을 돕기 위해 표면화되어야 한다. 당신의 무의식적인 능력(competence)의 일부를 형성하고 있는 어떤 개입(intervention)에도 유연하고 적응적이어야 한다(Whitmore, 2009).[19)]

---

18) Henry Kimsey-House, Karen Kimsey-House, and Philip Sandahl Boston(2011), 『Co-Active Coaching: Changing Business Transforming Lives』 Nicholas Brealey Publishing.

19) Whitmore, J(2009), 『Coahing for Performance: GROWing people, performance

▶ 목적의식이 뚜렷하고 사려 깊어야

코칭 프레즌스는 목적의식이 뚜렷해야 하고 신중해야 한다. 목적은 고객의 모든 가능성의 실현과 성장이며, 코치의 신중함(deliberateness)과 고객에 의한 심사숙고(deliberation)에 의해, 코치와 고객은 이 목적으로 나아가야 한다. 심지어 이러한 신중함이 무의식적 능력에서 나올 때라도, 개입은 코치에 의해 신중하게 선택되어져야 하고, 고객의 성장과 학습이란 목적을 위해 구체적으로 선택되어져야 한다. 토픽에 대해 고객에 의한 심사숙고가 뒤따라야 한다. 이 코칭 프레즌스 안에서, 코치는 코칭 관행을 반성할 시간과 공간을 가져야 한다. 당신이 무엇을 하고 있는지, 왜 그것을 하고 있는지, 그리고 당신의 선택안들에 대해 생각할 시간을 가져야 한다(Schon, 1991).[20]

▶ 코치 성숙도(coach maturity)

코칭 프레즌스를 얘기할 때 코치 프레즌스라는 단어와 구분 없이 사용되는 경우가 많다. 코칭 프레즌스의 대부분이 코치와 관련되기 때문이다.

그러나 좀더 엄밀히 생각해 보면, 고객이 코칭을 받을 때 코치만 존재하는 것은 아니다. 코칭의 장소, 코칭의 다양한 도구들, 고객의 상황 등도 코칭에 영향을 미친다. 따라서 코칭의 존재 여부는 코치의 존재 여부에 상당한 영향을 받지만, 전부는 아니라는 측면에서 코칭 프레즌스와 코치 프레즌스는 구분될 필요가 있다.

Maria Iliffe-Wood(2014)는 코치 프레즌스를 코치 성숙도(Coach maturity)라고 부르고 있다. 코치 성숙도는 코칭 프레즌스와 엉켜어 있어 별개로 개발될 수 없다. 코치 성숙도는 나이나 코칭 경력서비스의 길이에 관한 것이 아니다. 그것은 "나는 누구인가?(who I am)"에 관한 강한 감각을 가지는 것이다. 특히 코칭 관계의 상황에서 코치 자신의 정체성에 관한

---

and purpose』 4th edn, Nicholas Brealey, London.

20) Schon, D A(1991), 『The Reflective Practioner. How professionals think in action』, Ashgate, Aldershot.

강한 감각이다.

성숙한 코치는 코칭 관계 안에서 목적에 대한 강한 감각을 갖고 있고, 이것은 고객의 학습에 굳건하게 심어져 있다. 성숙한 코치들은 고객들과 직관적으로 일하고, 다양한 자원(resource)으로부터 나오는 개입의 폭 넓은 다양성을 끌어낼 수 있다. 성숙한 코치들은 자신들과 자신들의 개입에 무엇이 영향을 미치는지, 그리고 자신들이 고객에게 어떻게 영향을 미치는지 이해하고 있고, 자기-인식적이다. 이들은 더 넓은 시스템을 인식하고 있고, 그것을 코칭 관계 속으로 가져오며, 코칭 공간내에서 다이내믹한 에너지를 만들어낸다.

▶ 근본적 신념(principal)과 지침적 신념들(guiding belief)

코칭에서 코치가 지니고 있는 믿음과 신념이 어떠한가에 따라 코치가 코칭을 바라보는 시각이 다를 것이고, 코칭에 임하는 자세가 다를 것이다. 이러한 신념은 코치의 시각이며, 마음가짐이며, 자세이자, 태도이다.

먼저, 코칭에 대한 가장 근본적인 신념은 무엇인가? 가장 널리 알려진 에노모토 히데타케(2004)의 코칭 철학처럼, 코칭 자체에 임하는 코치의 근본적 믿음이자, 코칭 자체를 바라보는 코치의 시각이다. 코칭에 대한 자기 나름대로의 믿음과 확신을 갖고 배우고 실행하는 것이다.

지침적 신념들은 고객에 관한 신념, 코치 자신에 대한 신념, 코칭 관계에 대한 신념으로 나눌 수 있다. 이러한 신념들은 특정한 정답이 있는 것이 아니라, 코치의 주관으로 선택할 수 있다.

코치 자신에 관한 신념의 예로

-나는 답을 제공하기 위해 여기 있는 것이 아니다.

-내가 알지 못해도 오케이다.

-나는 내 자신의 정신적 혼란스러움을 옆으로 제쳐 놓을 수 있다.

고객에 관한 신념의 예로
-고객은 자신이 아는 것보다 더 잘 자신을 안다.
-고객은 전인적 인간이다.
-고객은 자신을 위해 문제를 해결할 때 가장 잘 배운다.

코칭 관계에 관한 신념의 예로
-코칭 관계는 협업적 경험이다.
-관계를 위한 더 높은 목적이 있다.
-코치와 고객이 어떻게 함께 일하는가는 함께 무엇을 하는가만큼 중요하다.
등을 들 수 있다.

〈성찰과 실습 공간〉

- 코칭 프레즌스를 설명해 보라.
- 코칭 프레즌스의 핵심 개념 하나를 들고 설명해 보라.
- 코칭 프레즌스를 강화하기 위해 어떻게 해야 할까?

3
chapter

코칭의 모델

1. 코칭 모델의 역할

코칭은 잡담이 아니라 목적이 있는 대화이다. 듣기 좋은 얘기만 늘어놓고, 코칭이 끝났을 때 인식의 변화가 없다면 코칭적 대화라 할 수 없다. 코칭 대화는 고객을 탐구하게 하고, 상자 밖 사고를 할 수 있도록 돕고, 고객의 가치관과 목표를 확인하고, 고객의 실행의지를 확인하는 대화이다.

코칭 대화가 일정한 방향으로 나아가도록 안내하는 일종의 절차가 있는데, 이것이 바로 코칭 대화모델이다. 몇 개의 대화모델이 있으며, 교육기관이나 개별 코치마다 조금씩 수정하여 사용하기도 한다.

이 대화모델은 코치로 하여금 고객과의 대화가 앞으로 나아가도록 안내 역할을 해준다. 이러한 모델을 처음 접하고 나면, '아 이렇게 따라가면 코칭이 진행되겠구나. 코칭이 어렵지 않네.'라는 생각을 할 수 있고, 초보 수준의 코치는 이 절차대로 진행하기 위해 애쓰느라고 고객에게 온전히 집중하지 못하는 경우가 많다.

그러나 대화모델의 종류는 다양하기도 하며, 실제로 코칭을 진행해 보면, 코칭 대화가 반드시 코칭 대화모델의 순서대로 진행되는 것은 아니다. 어느 단계에서 오랫동안 머물러 있을 수도 있고, 앞으로 가다가 뒤로 가기도 한다. 또한 어느 특정 단계에서 다른 단계에서의 대화가 함께 섞이기도 한다.

그래서 이 모델은 절차라기보다는 코칭 대화 시 꼭 짚어야 할 요소라고 봐야 한다. 순서는 왔다갔다 할 수 있지만, 코칭 대화가 끝났을 때 이러한 요소들이 포함되었어야 하는 핵심 사항이다. 퍼즐 맞추기처럼 어지러이 흩어진 각 조각들이 여러 시도를 통해 완전하게 완성되었을 때의 모습이다.

다양한 코칭 대화모델을 학습한 후 항상 염두에 두고 있어야 하며, 고객과 함께 춤을 추면서 대화를 이어가되, 적절한 시점에서 코칭 대화모델의 각 요소가 다루어져야 한다.

2. GROW 모델

코칭에서 가장 먼저 접하고 간결하여 많이 사용되는 모델이다. 그로우(GROW) 모델은 문제 해결이나 목표 설정을 위한 기법으로 영국에서 개발되어 1980년대와 90년대에 기업 코칭에서 광범위하게 사용되었다. 이 모델은 알렉산더(Graham Alexander), 파인(Alan Fine), 위트모어 경(Sir John Whitmore)이 창시자로 알려져 있다. 특히 골웨이의 제자였던 위트모어의 저서 『수행을 위한 코칭(*Coaching for Performance*)』이 출간되면서 GROW 모델이 유명해졌다.[1)]

이 GROW모델은 다양하게 활용될 수 있는데, M. Downey는 이 GROW 앞에 Topic을 넣어 TGROW(Topic, Goal, Reality, Options, Wrap-up)모델이라고도 하였다. 만약 코칭 전에 주제가 정해져 있지 않고,

1) 2017.12.5., 네이버 지식백과http://terms.naver.com/entry.nhn?docId=2094347&cid=41991 &categoryId=41991

코칭을 시작하면서 주제를 찾는다고 한다면, 이 주제 혹은 이슈를 어떻게 찾고, 어떤 것을 주제로 정할지가 코칭에서 매우 중요한 단계이다. 고객과 신뢰관계를 형성하면서 고객이 진정으로 원하는 주제를 찾도록 지원해야 한다.

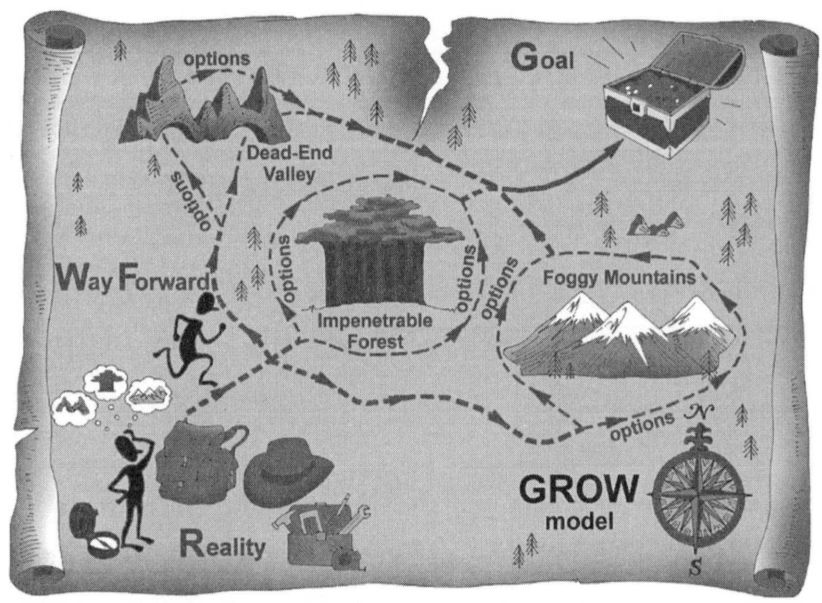

〈그림 3-1〉 GROW 모델(출처: http://bobgriffiths.com)

1단계: Goal(목표 설정)

코칭을 시작할 때 관계형성을 위한 일반적 얘기가 끝나면, "오늘 무엇에 관해 얘기할까요?"라고 묻는다. 이것을 코칭의 주제, 토픽, 이슈 등으로 불린다. 고객의 입에서 처음 나오는 말이 주제가 되는데, 대개 이 주제는 폭넓고 초점이 잡혀져 있지 않다. 때로는 이 주제가 고객이 진정 원하는 주제가 아니며 다른 주제로 변경되기도 한다.

고객이 어떤 이유에서 진정한 주제를 말하지 않고 다른 주제로 시작하는 경우도 있다. 고객이 스스로 자신이 무엇을 진정으로 원하는지 모르는 경우도 있다. 사실 사람은 자신이 무엇을 원하는지 모르는 경우가 많다. 자신의 내면 속에서 깊이 숨겨져 있는 자신의 자아를 꺼내기가 어렵다. 그래서 소크라테스가 "너 자신을 알라"라고 하지 않았던가. 그래서 코치의 역할이 필요하다.

고객이 꺼낸 이 주제에 대해 코치는 고객이 다양한 탐구를 하도록 해준다. 주제를 가져온 배경은 무엇인지, 고객의 삶에 어떤 관련이 있는지, 어떤 의미를 가지는지, 고객의 가치관이나 정체성에 어떻게 연결되는지 등 그 주제가 정말로 고객이 말하고자 하는 주제인지 탐색한다.

이러한 주제의 탐색을 통해서 그 주제가 고객이 정말 코칭 받기를 원하는 주제인지 명확해지고 나면, 코칭을 통해 이루고자 하는 목표를 구체적으로 정한다. 목표는 SMART, 구체적이어야 하고(Specific), 측정가능해야 하고(Measurable), 행동지향적이어야 하고(Action-oriented), 현실적이어야 하고(Realistic), 기한이 정해져야(Time-based) 한다.

2단계: Reality(현실 인식)

얘기하고 싶은 주제에 대해 충분한 탐험이 이루어지고, 달성하고자 하는 미래의 목표가 정해지면, 고객이 처한 현실의 상황을 정확히 인식해야 한다. 인간은 과거나 미래에 살 수 없고, 오직 현재에만 살 수 있다. 사람마다 처한 상황이 다르고, 같은 상황이라도 사람마다 인식의 정도가 다르다.

사람이 성장하기 위해 어떤 목표를 세운다는 것은 현실(as is)과 원하는 미래 목표(to be) 사이의 간격(gap)을 확인하는 것이다. 동일한 목표를 세웠다 하더라도 각자가 서 있는 현실의 위치가 다르면 현재와 목표간 간격이 다르다.

원하는 미래의 목표를 세우는 것도 중요하지만, 내가 발을 디고 있는 현재의 상황을 어떻게 인식하느냐가 더 중요하다. 사람이 무엇을 원하고, 그 원하는 것을 목표로 세우는 것은 희망이고 바람이지만, 현실은 이미 존재해 있는 것이고, 나의 삶의 주소이며, 좋을 수도 좋지 않을 수도 있다.

현실은 무엇보다 객관적으로 정확하게 바라보아야 한다. 불편한 현실을 애써 감추어도 안 되며, 긍정적 측면만 보고 위험적 측면을 무시해서도 안 된다. 내 눈에 보이는 현실만 보는 것이 아니라, 전체 상황적 맥락에서 나의 현재 위치를 가감 없이 바라보고 진단해야 한다.

대다수의 경우에 사람들은 자신이 어떤 위치에 있는지, 자신의 성격, 행동, 커뮤니케이션 스타일, 리더십이 다른 사람에게 어떻게 비추어지는지 정확하게 알기가 쉽지 않다. 고객이 자신의 현실을 정확히 인식하도록 돕기 위해 코치는 다양한 도구들을 활용할 수 있고, 고객에게 글로 쓰거나, 수치로 표현하도록 한다. 특히 10점을 기준으로 현재의 상태와 미래 목표를 점수로 표현하게 하면 그 간격을 피부로 느낄 수 있다.

3단계: Option(선택안 개발)

미래의 목표와 현재 상태 사이의 간격을 확인하고 나면, 그 간격을 메우기 위한 대안을 마련해야 한다. 대안을 선정하기 전에 해야 할 일은 우선 가능한 한 대안을 많이 개발하는 것이다. 대안을 많이 만들어내는 단계에서는 미리 판단하거나, 비판하거나, 반대를 해서는 안 된다. 브레인스토밍 등의 기법을 활용해 자유로운 분위기에서 가능한 한 최대한 많은 대안을 만드는 것이 중요하기 때문이다.

이 때 고객을 압박하지 말고, 충분한 시간을 주고, "하나 더...", "하나만 더..."를 반복하면서, 더 이상 도저히 대안을 찾기 어려울 때까지 기다려주어야 한다. 대안이 더 없다고 판단된 후에도, 미처 생각지도 못했던 새로운 대안들이 많이 나오는데, 이는 고객의 인식의 틀을 확장하거나 벗어나도록 함에 의해 가능하다. 새로운 측면, 새로운 차원, 상자 밖의 사고, 차원 너머의 차원 등으로 의식을 확장하고 전환하여 새로운 대안을 찾도록 자극해야 한다.

충분히 많은 대안이 개발되고 나면, 각 대안에 대해 고객의 생각을 충분히 말하게 해준다. 고객으로 하여금 스스로 평가하게 하면, 고객이 비교하고 정리하게 되고, 선정의 주도권을 갖고, 나중에 실행 책임을 지게 된다.

4단계: Will(실행의지)

대안이 결정되고 나면, 이를 끝까지 실행하는 것이 남는다. 아무리 좋은 목표를 설정하고 대안을 선정했다고 하더라도, 이 실행이 없으면 변화나 성장이 이루어질 수 없기 때문이다.

이 실행 단계에서는 고객의 의지를 지속적으로 확인하고, 작은 성과를 인정하며, 포기하지 않고 실제 행동으로 옮겨질 수 있도록 코치가 체크하고, 격려해야 한다.

구체적 일정을 수립하고, 실행 기한을 정하고, 달성여부를 객관적으로 확인하고, 이룬 것은 보상하고, 부족한 부분은 보완하여야 한다. 또한 실행을 지원하는 자원은 어디서 구할 수 있는지, 실행에 방해가 되는 장애물은 무엇이고 어떻게 제거할 것인지, 코치가 무엇을 도와주면 되는지 확인해야 한다.

고객이 이룬 성과는 스스로 보상할 수 있도록 하고, 미흡한 부분에 대해서는 건설적 반성을 통해 반복되지 않도록 해야 한다.

이 모델에서 각 단계별 지침으로 사용될 수 있는 질문은 다음과 같다.[2)]

목표설정 단계 질문

-당신이 이루고자 하는 주제 혹은 문제는 무엇인가?

-이 주제를 다루게 된 배경은 무엇인가?

-당신의 인생에서 이 목표는 어떤 의미를 가지는가?

-당신은 이 코칭에서 어떠한 결과를 원하는가?

-장기적으로 이 문제와 관련된 당신의 목표는 무엇인가?

-시한이 정해진 중간 단계는 어떤 것들이 있는가?

현상확인 단계 질문

-현재 상황은 구체적으로 어떤가?

2) 존 휘트모어(2007), pp. 244-246에서 발췌 및 보충 정리

-현재 상황에 대한 당신의 인식은 어떠한가?
-현재 상황에 대해 당신은 어느 정도의 결정권을 갖고 있는가?
-이 문제에 대해 영향을 받는 사람은 누구인가?
-10점 기준으로 목표는 몇 점이고, 현재 상태는 몇 점이라 할 수 있겠는가?
-지금까지 이 문제에 대해 어떤 행동을 취했는가?
-무엇이 방해를 하고 있는가? 어떤 장애요소가 있는가?
-어떤 자원을 갖고 있는가? 어떤 자원이 더 필요한가?
-정말로 문제의 본질은 무엇인가?

대안파악 단계 질문
-이 문제를 해결할 수 있는 방법은 어떤 것들이 있는가?
-해결책 리스트를 가능한 한 모두 열거해 보라
-그 외에 하나만 더 말해 보라.
-시간과 예산이 충분하다면, 당신이 최고책임자라면 무엇을 하겠는가?
-처음부터 새로 시작한다면 어떻게 하겠는가?
-각 대안들의 장점과 단점은 무엇인가?
-어떤 대안이 가장 우선순위를 갖는가?
-나의 제안을 들어 보겠는가?

실행의지 단계 질문
-어떤 대안을 선택하겠는가?
-이 대안은 목표달성에 어떻게 얼마나 기여하겠는가?
-성공을 어떻게 측정하는가?
-각 행동은 언제 시작하고 언제 마쳐지는가?
-이 대안을 실행하는 데 어떤 장애가 있는가? 그 장애를 극복하기 위해 무엇이 필요한가?

-이 대안은 당신 외에 누가 알아야 하고, 협조를 얻어야 하는가?
-코치인 나는 당신을 위해 무엇을 해줄 수 있겠는가?
-당신의 실행력을 더 올리려면 무엇을 하면 되는가?

〈성찰과 실습 공간〉

◘ (GROW 실습)
GROW 모델을 사용하여 B고객을 코칭하기
- A와 B 교대하기

3. CCU의 코칭대화모델

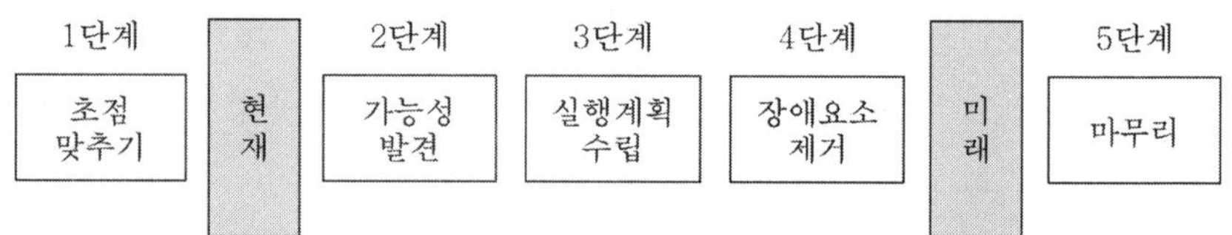

〈그림 3-2〉 코칭대화모델(출처: PCCP, 3-14, 한국코칭센터)

CCU(Corporate Coach U)는 토마스 레오나드(Thomas J. Leonard)에 의해 1992년 세워진 세계적 코칭교육기관이다. 여기서 〈그림 3-2〉와 같은 5단계 코칭대화모델(Coaching Conversation Model)이 제시되었는데, 각 단계별 의미와 코칭 접근방법, 그리고 이용될 수 있는 질문들을 정리해 보았다.

1단계: 초점 맞추기

이 단계는 대화의 목적을 제공하고 대화에서 어떤 결과를 얻을 것인지 정한다. 코치는 고객이 대화의 아젠다나 초점을 정하는데 도움을 주기 위해 정보를 제공하고 질문을 한다. 코치는 항상 결과에 초점을 맞춰 대화한다.

초점 맞추기에 대한 코칭접근방법을 보면

① 자신의 개인적 아젠다를 제쳐둔다.

② 고객에게 무엇에 대해 코칭받고 싶은지 물어본다.

③ 고객에게 코칭대화가 끝났을 때 어떤 결과를 얻고 싶은지 물어본다.

초점 맞추기 단계에서 이용될 수 있는 질문은 다음과 같다.

-오늘 이 시간을 어떻게 사용하고 싶습니까?

-어떤 목표를 갖고 있습니까?

-그 목표를 달성했다는 것을 어떻게 알 수 있습니까?

-오늘 코칭에서 어떤 결과를 얻고 싶습니까?

-가장 우선순위가 높은 것은 무엇입니까?

-진짜 얘기하고 싶은 주제는 무엇입니까?

2단계: 가능성 발견

이 단계에서 코치는 가능한 방법들을 찾거나 혁신적 방법을 도출해 내기 위해, 고객으로 하여금 생각하지 않았던 영역으로까지 생각을 확대하도록 도와준다. 새로운 가능성이 발견될 때마다 그 장단점을 토의한다. 고객의 사고 패턴이 확대되고, 창조적인 노력과 사고의 전환이 일어난다.

가능성 발견에 대한 코칭접근방법을 보면

① 발견을 촉진한다.

② 조용히 답을 기다린다.

③ 고객이 자신의 생각을 분명하게 알 수 있게 도와주는 질문을 한다.

④ 고객에게 "~은 잘못입니다"라는 말들은 피한다.

⑤ 결과에 대해 생각해 보는 질문을 한다.

가능성 발견 단계에서 이용될 수 있는 질문은 다음과 같다.

-어떤 것을 시도해 보았습니까?
-효과가 있었던 방법은 무엇이었습니까?
-당신에게는 어떤 점이 제일 중요합니까?
-그 방법의 장단점은 무엇입니까?
-좀더 구체적으로 말씀해 주세요.
-그 방법의 결과는 어떻게 예상됩니까?
-그 외 하나만 더... 마지막 하나만 더 방법을 찾아본다면 무엇일까요?

3단계: 실행계획 수립

실행계획 수립은 초점을 맞추고 가능성을 발견한 이후에만 가능하다. 코칭에서는 행동과정과 전략계획수립을 결합하는 것이 중요하다. 고객이 실행에 들어가려면 좋은 계획이 있어야 한다. 고객은 자신이 목표를 달성해 가는 모습을 볼 수 있으며, 좋은 계획 자체만으로도 동기부여될 수 있다.

실행계획 수립에 대한 코칭접근방법을 보면

① 고객이 계획을 세우고, 목표를 정하고, 우선순위를 정하게 한다.
② 실행계획 수립을 안내한다.
③ 큰 프로젝트를 실행 가능한 작은 업무로 나누는 것을 도와준다.
④ 행동을 안내하기 위해 행동의 효과를 확인한다.
⑤ 무엇을 언제까지 완수할지 목표 날짜를 정하도록 한다.
⑥ 일정표를 만든다.

실행계획 수립 단계에서 이용될 수 있는 질문은 다음과 같다.

-달성하고 싶은 목표는 무엇인가요?
-어떤 것이 효과가 있겠습니까?
-무엇을 먼저 해야 합니까?
-그 외에 목표를 달성하기 위해 어떤 방법이 있을까요?
-이 행동은 목표달성에 어떤 역할을 하나요?

-그것을 언제까지 할 것입니까?
-이번 주에 당신이 해야 할 가장 중요한 일은 무엇인가요?

4단계: 장애요소 제거

실행계획을 수립하고 나면 실제 상황을 체크해야 한다. 고객은 목표 달성과 실행계획 수립에 방해가 되는 장애요소들을 확인한다. 예를 들면 부족한 기술, 임파워 문제, 지나친 의욕, 예산부족 등이 있을 수 있다.

장애요소 제거에 대한 코칭접근방법을 보면

① 고객에게 무엇을 하려고 하는지 검토해 줄 것을 요청한다.
② 완전한 성공을 위해 무엇을 바꾸고, 추가하고, 빼야 하는지 질문한다.
③ 장애요소들을 확인하고 제거하기 위한 프로세스를 시작한다.

장애요소 제거 단계에서 이용될 수 있는 질문은 다음과 같다.
-어떤 것이 고객의 성공에 방해가 될까요?
-그 문제를 제거하기 위해 누구와 어떤 대책이 필요할까요?
-그 요소를 제거하기 위해 어떤 자원이 필요합니까?
-그 밖에 또 고쳐야 할 것은 무엇인가요?

5단계: 마무리

이 단계에서는 고객이 무엇을 배웠고, 그것에 대해 무엇을 하려고 하는지 코치에게 알려줘야 한다.

마무리에 대한 코칭접근방법을 보면,

① 고객에게 무엇을 토의했는지, 무엇을 성찰했는지 말해줄 것을 요청한다.
② 고객에게 구체적인 목표와 완수 일자를 정해줄 것을 요청한다.
③ 다음 코칭 일자를 정하고, 그 때까지 무엇을 해야 할지 질문한다.

마무리 단계에서 이용될 수 있는 질문은 다음과 같다.

-오늘 무엇을 논의했는지 정리를 부탁합니다.
-오늘 코칭에서 무엇을 성찰했는지 다시 한 번 정리해 주세요.
-다음 언제 만날까요?
-다음 코칭까지 무엇을 할 것인가요?
-고객이 한 결과를 코치인 내가 어떻게 알 수 있을까요?
-코치인 내가 도와드릴 일은 무엇이 있나요?
-다음 코칭 세션 전에 e-메일로 진행 상황을 알려주시겠어요?

〈성찰과 실습 공간〉

◘ (코칭대화모델 실습)
코칭대화모델을 사용하여 B고객을 코칭하기
- A와 B 교대하기

4. 임파워 모델(EmPOWER Model)

맞춤형 임파워링 코칭 커뮤니케이션 프로세스는 내면의 파워(POWER)를 끌어내고 문제를 해결하도록 하는 것이다. 모든 대화가 정해진 프로세스와 모델에 따라 진행되지는 않겠지만, 이런 모델들은 대화의 뼈대로써, 대화가 어떤 식으로 진행되더라도, 주제에 초점을 맞추어 대화를 진행할 수 있다. 임파워 모델 단어의 의미를 보면 다음과 같다(박창규, 2015: 241-282).

Em: Emphasis(초점을 맞추고 싶은 주제-issue/topic/problem)
P : Present(주제가 상대에게 미치고 있는 현 상태 점검)
O : Object(Goal + Meaning, 커뮤니케이션 목표 설정과 의미 확장)
W : Wild Option(전혀 새로운 대안 탐구)

E : Execution(실행력 강화)

R : Reflection(마무리 성찰)

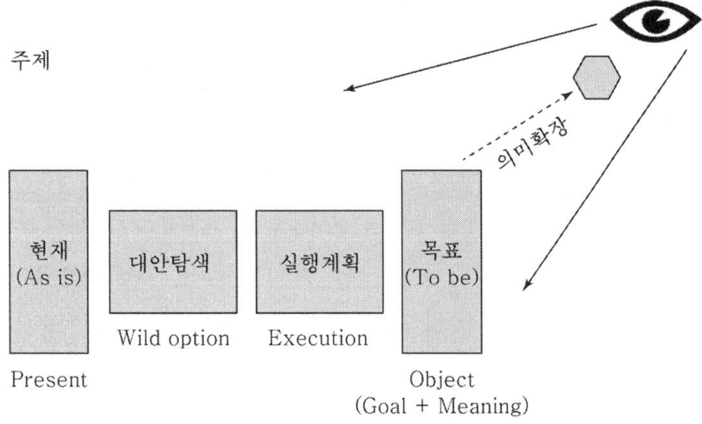

〈그림 3-3〉 임파워 모델

1단계: 문제를 정의하고 이슈를 찾아라(Em: Emphasis)

공명의 스페이스에서 인식과 행동의 변화를 일으키는 코칭의 장으로 들어가기 위해서는 명료한 주제가 있어야 한다. 어떻게 하느냐 보다 무엇을 할 것인가에 대한 문제 설정이 중요하다. 문제를 정확히 진단하는 일은 경험이 아닌 사고의 영역이므로, 고객이 자신만의 사고방식으로 자신이 처한 문제를 올바로 정의하는데 어려움을 겪기 때문에, 코치가 다양한 질문을 통해 고객이 자신의 문제를 다양한 시각으로 바라보게 도울 수 있다.

고객에게 그 주제를 가져오게 된 배경 묻기, 구체적으로 설명 요구, 주제가 고객에 대한 의미나 가치, 영향을 묻기, 주제를 정의하기, 주제를 반대로 정의하기 등과 같은 질문을 통해, 고객에게 주제 확인을 한다.

처음에 나오는 주제가 넓으면 여러 개의 초점이 나타나므로, 반드시 그것을 구체화해야 한다. 이 과정은 깔때기의 역할과 같은데, 큰 주제를 잘게 나누어 초점을 명확히 하고, 그 주제를 정의하고, 진정으로 원하는 주제인지 아닌지 끊임없이 명료화하는 작업이 있어야 한다.

2단계: 주제가 고객에게 미치고 있는 현 상태를 점검하라(P: Present)

대개 고객의 현재 상태에서 출발해 미래의 목표를 거쳐 다시 현 상태를 바라보는 과정이 좋으며, 고객의 현재 마음속을 충분히 풀어낸 후 공감을 해 주고, 에너지를 높인 다음 목표를 질문해야 한다. 복잡한 고객의 마음속이나 주제와 고객의 현 상황에 대해 코치가 충분히 이해하지 못한 상태에서 목표를 질문하면 고객은 당황하게 된다.

특히 감정적인 부분이 나타나면 공감하면서 공명의 스페이스에 함께 머무를 필요가 있다. 고객이 슬픔, 분노, 두려움 등 감정의 늪에서 빠져 헤어 나오지 못하는 경우에는, 고객이 자신을 거리를 두고 객관적으로 바라보게 하면 도움이 된다. 한 걸음 떨어져서, 5년 후 자신이 되어서, 자신이 존경하는 준거인의 입장에서, 상대의 입장에서, 삶의 마지막에 서서, 등등 시간과 공간을 이동시켜서, 지금 힘들어 하는 자신을 바라보게 하고, 격려의 말을 하게하고, 격려를 행동으로 표현하게 하면, 고객은 위로를 얻게 되고, 새로운 에너지를 얻게 된다. 감정의 늪에 빠져 있을 경우 덮고 넘어가기보다는 충분히 드러내고, 표출되어 방전되도록 한 후, 격려의 손을 내밀어 늪에서 빠져 나오도록 해야 한다.

3단계: 커뮤니케이션 목표를 설정한다(O: Objective-Goal)

이 단계에서는 구체적인 목표와 그 목표의 의미를 찾는다. 앞에서 여러 가지 이슈들이 나왔다면 정말로 원하는 것은 무엇인지, 코칭 종료 시 무엇을 얻고 싶은지, 그 목표를 달성했다는 것을 어떻게 측정할 수 있는지, 그 목표가 어떤 의미를 가지는지를 질문한다.

목표를 설정할 때 코치는 다음 사항을 유념해야 한다.

첫째, 목표는 긍정적인 문장으로 표현되어야 한다. 긍정적이고 구체적으로 표현되어야 그에 따른 연상이 떠오르고, 그러한 방향으로 생각과, 태도와 행동으로 이어질 수 있다.

둘째, 자신의 통제 하에 있어야 한다. 상사의 리더십을 바꾸고 싶다든가,

자녀의 성적을 향상시키고 싶다든가 등은 고객의 통제 하에 있지 않다. 고객이 원하기는 하지만, 상사와 자녀의 태도와 행동 하에 있기 때문이다. 고객과 마주보며 고객의 의식을 변화시키는 코칭을 진행하면서, 그 자리에 없는 제 3자를 코칭할 수는 없다. 다만, 상사의 리더십을 바꾸기 위해서, 자녀의 성적을 향상시키기 위해서, 고객이 어떤 태도를 취할지, 어떤 행동을 할지는 고객의 통제하에 있다. 이 경우 자녀의 성적 향상이 목표가 아니라, 자녀의 성적 향상을 위해 취하는 고객의 어떤 행동이 목표가 되어야 한다.

실제 코칭 현장에서 고객이 아니라 제 3자의 이슈를 목표로 정하는 경우는 자주 발생한다. 고객이 말하는 목표를 그대로 수용하기 때문이다. 코치는 고객의 통제하에 있어 고객의 태도나 행동 변화로 측정될 수 있는 목표가 설정되도록 안내해야 한다.

셋째, 목표가 성공했는지 측정될 수 있어야 한다. 코칭이 끝났을 때 그 코칭이 얼마나 성공했는지를 알 수 없다면, 고객에 대한 코칭의 기여도를 알 수 없고, 코칭비용 지불이나 코칭 재계약의 근거가 불분명하다.

물론 숫자로 측정가능한 목표이면 문제가 없지만, 리더십 변화, 커뮤니케이션 스킬 향상, 사풍 변화 등 대개의 코칭 목표는 계량적 목표가 아닌 경우가 많다. 그러나 이 경우에도 리커트 척도를 이용한 문항을 개발해서 적정한 목표 수준을 명시해야 한다. 사전 측정과 사후 측정을 통해 이 비율이 향상되었다면 성공했다고 할 수 있는 것이다. 비계량적 목표를 계량적 목표로 전환하거나, 정확히 계량적이 아니라 하더라도, 명확한 문장으로 표현된 수준을 정해 놓아야 코칭이 끝났을 때 코칭의 합의를 지킬 수 있다.

나아가서 고객의 목표는 고객의 신체 감각을 통해 표현될 수 있으면 더욱 좋고, 기대 목표를 비유로 표현하게 되면 더 많은 영역으로 코칭을 진전시킬 수 있다.

넷째, 자신의 목표가 다른 사람들의 목표나 바람직한 상태를 방해해서는 안 된다. 이것은 윤리적 측면에서 당연한 얘기이다. 하지만 고객이 말하는 바가 이러한 성격일 경우가 있는데, 이 목표가 코칭의 목표가 되어서는 안 된다는 것이다.

다섯째, 기대하는 목표 너머의 목표를 이끌어 낸다. 이 목표 너머 목표는 임파워링 코칭에서 매우 의미있는 부분이다. 예를 들어 영어 말하기 능력을 높이는 것이 목표라고 하자. 그런데 영어 말하기 학습이 어떤 사람에게는 힘들고 어려워 중도에 포기하는 경우가 많다. 만약 고객에게 영어를 잘 말하게 되면 세계 배낭여행을 가려는 다음 목표가 있다면, 그는 세계 여행을 상상하면서 보다 즐겁게 영어를 학습할 수 있을 것이다.

이렇게 고객이 말하는 어떤 목표 너머의 목표를 찾으면, 고객 자신의 궁극적인 목표를 알 수 있게 되고, 눈앞의 목표의 의미를 분명히 인식하게 되며, 변화를 위한 동기부여가 확실하게 이루어질 수 있다.

4단계: 완전히 새로운 대안을 탐구한다(W: Wild Option)

2단계까지 '무엇'과 '왜'에 관해 탐구하였다. 여기서는 '어떻게'에 관한 것이다. 이를 위해 무엇이 가능한지, 무엇이 방해하는지, 포기할 것은, 많이 시도해본 것은, 주저하고 있는 것은, 예전과 다르게 해본다면, 고객의 강점은, 준거인은 어떻게 할지 등을 질문하게 된다.

특히 여기서 말하는 와일드 옵션이란 지금까지의 시각에서 벗어나 전혀 새로운 시각으로 찾아낸 새로운 대안을 말한다. 익숙한 사고의 틀에서 벗어나 고객을 야생의 들판으로 불러내는 것이다. 엉뚱한 아이디어를 촉발하는 예상치 않은 질문으로 문제를 다른 각도에서 보게 해서 새로운 관점으로 해결책을 찾도록 하는 것이다.

와일드 옵션과 더불어 왓 엘스(what else)가 있다. 생각할 수 있는 모든 답을 말했다고 생각하는 고객에게 하나만 더, 하나만 더... 하면서 답을 더욱 촉구하면 고객은 힘들어 하면서도 마지막 혹은 전혀 새로운 대안을 제시할 수 있다.

5단계: 실행계획은 SOME하게 하라(E: Execution)

SOME는 S(specic, 구체적으로), O(on-time, 정확한 시점), M (measurable, 측정가능하게), E(effect, 효과)의 약자이다. 무엇, 왜, 어떻게를 모두 정했다 하더라도 실행되지 않으면 아무런 의미가 없다. 고객이 코칭 동안에 합의했던 대안들을 코칭 세션 사이에 실행하지 않으면 코칭이 성공할 수 없다. 코치는 고객이 스스로 약속한 것을 실행하도록 책임의식을 요구해야 한다. 코치는 고객의 실행을 확인하고 격려해야 한다.

실행계획을 세울 때 대부분 의지에 관해 표현한다. 예를 들면, 영어 실력 향상을 위해 '나는 매일 영어 공부를 열심히 하겠다'라고 한다면 이것은 막연한 의지에 관한 표현일 뿐이다. 이보다는 핵심 행동(vital behavior)으로 표현하는 것이 좋다. '출근 시 지하철에서 매일 단어를 50개 외우겠다.'와 같은 식이다. 목표를 달성하기 위한 결정적 순간이 언제인지 확인하고, 그 순간에 필요한 핵심 행동을 찾아야 한다.

6단계: 마무리 성찰 단계를 빠뜨리지 않는다(R: Reflection)

코칭 대화가 끝나면 반드시 코칭 대화를 돌아보는 시간을 가져야 한다. 오늘의 코칭 대화를 고객에게 정리해줄 것을 요청하는데, 고객이 대화에 열중하느라 기억을 못하면 코치가 기억을 되돌려 주어야 한다.

또한 이번 코칭 세션에서 무엇을 성찰하였는지 묻고, 약속한 바를 고객에게 말하게 하여 책임감을 느끼게 해야 한다. 코칭 대화 중에 고객이 성찰한 것을 축하하고, 코치의 기대사항을 전달할 수 있다. 다음 코칭 세션을 확인하고, 그 때까지의 실행 계획을 확인하며 마무리한다.

〈성찰과 실습 공간〉

◘ (임파워 실습)

임파워 모델을 사용하여 B고객을 코칭하기

- A와 B 교대하기

5. ARTS 모델[3)]

현 상태에서 원하는 상태로 변화하고 성장하기 위한 방법으로 배용관코치는 ARTS코칭을 제안하였다.

Awareness 자각: 현 상태에 대한 지각

변화와 성장을 위해서는 자신의 결과/성과, 행동/언어, 생각, 감정, 욕구의 5가지 관점에서 어떠한 상태인가를 반드시 자각해야 한다. 자각하지 않으면 변화와 성장을 할 수 없기 때문이다.

Responsibility 책임: 현 상태를 자각한 이후 '현 상태보다 좀더 바람직한 원하는 상태로 변화·성장하고 싶다'라고 반응하여 결심하는 것.

Try실행: 변화와 성장이 만들어지는 현실적 단계

Shift변화: 5가지 상태 측면에서 어떠한 변화와 성장이 일어났는지 측정하고 확인

즉, 현 상태를 자각(A)하고, 원하는 상태로 변화·성장하고 싶다는 바람에 반응하여 마음을 먹는 책임(R)을 갖고, 실행(T)하고, 변화(S)를 측정하고, 그 변화된 상태를 다시 자각, 책임, 실행하고, 변화된 상태를 측정하는 사이클을 반복하면서 변화와 성장을 이뤄나가는 것이 'ARTS'이다.

가장 널리 알려진 GROW 모델은 ARTS의 AR에 해당된다. 이 ARTS 모델은 실행(T)과 변화(S)가 추가되어 실행력을 강화시키고, 변화의 순환에 초점을 둔 점이 장점이다.

---

3) 배용관(2016)을 참조하여 정리

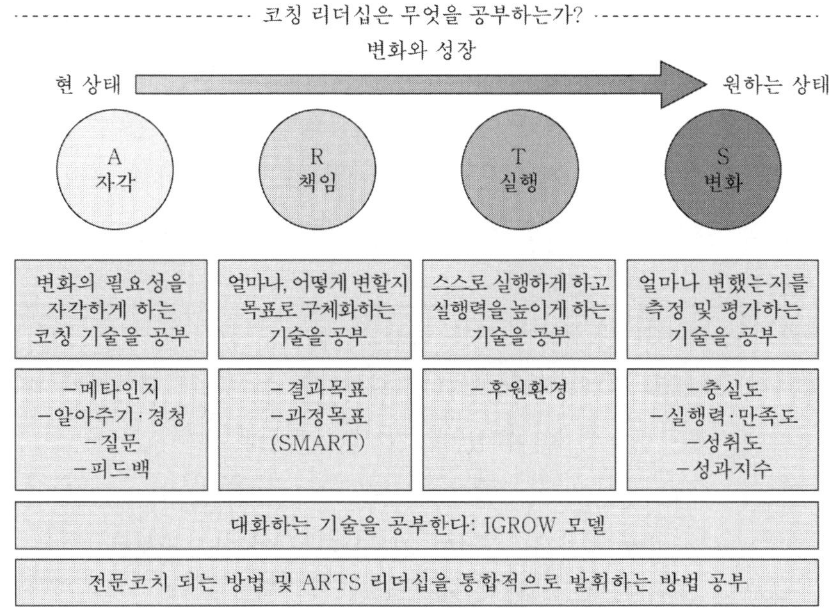

〈그림 3-4〉 ARTS 코칭[4)]

1) 자각(Awareness)

자기관찰을 통한 변화와 성장을 위해서는 우선 메타인지를 활용해야 한다. 메타인지는 '자신을 관찰하는 것'이라고 할 수 있으며, 자신의 5가지 상태, 즉 결과/성과, 행동/언어, 생각, 감정, 욕구를 또 다른 내가 관찰하는 것이다.

이 5가지 상태 중 결과/성과, 행동/언어는 눈에 보이는 상태인데, 이를 인지하는 방법에는 체크리스트, 측정, 대시보드, 목표, 일지/일기/기록, 거울, 동영상 촬영, 역할모델/멘토, 다른 사람의 말/자신의 말 등이 있다.

눈에 보이지 않는 생각, 감정, 욕구를 인지하는 방법에는 진단/검사/질문, 다른 사람의 말/자신의 말, 일기/성찰, 명상/묵상/기도/참선 등이 있다.

A(자각) 단계에서는 알아주기, 경청, 질문, 피드백 등의 기술이 사용된다. 알아주기(acknowledgement)는 '인정'이라고도 하며, 감탄, 긍정반응, 칭찬 등을 이용한다.

4) 배용관(2016, p. 38)

알아주기로 고객 스스로 방어적 태도를 허물게 했다면, 경청을 통해 고객 스스로 마음의 문을 열게 할 수 있다. 외적 경청은 고객의 입장에서 들으려고 하는 경청 태도로, 고객의 이야기를 경청하고 있음을 겉으로 드러내서 고객이 알 수 있게 하는 것이다. 내적 경청은 고객의 언어적 표현 이면에 있는 고객의 내적 감정, 의도 또는 욕구가 무엇인지 이해하고 공감하려는 경청 태도이다.

알아주기로 고객의 방어적 태도를 허물고, 경청을 통해 고객 스스로 마음의 문을 연 상태를 공감대가 형성된 상태라 할 수 있다. 공감대가 형성된 후에 비로소 질문 단계로 갈 수 있다. 질문은 생각의 시작이고 행동의 시작이다. 질문은 닫힌 질문보다는 열린 질문을, 부정 질문보다는 긍정 질문을, 과거 질문보다는 미래 질문을, 단정형 질문보다는 가정법 질문을, 의무 질문보다는 소망질문/가능질문을 하는 것이 좋다.

피드백은 '바람직한 결과/성과를 만들기 위한 목적으로 행동/언어를 변화시키는 과정'을 말한다. 피드백은 목표와 결과/성과와의 차이를 줄여준다. 피드백은 반드시 결과가 나왔을 때 해야 하며, 결과를 만들어낸 과정에 대해서도 해야 한다.

피드백을 잘하기 위한 사전 준비의 첫 번째는 관찰이다. 상황을 사실 중심으로 관찰하고, 객관적인 행동사실을 관찰하며, 결과만이 아니라 행동의 동기와 과정도 관찰한다. 발생 빈도를 주기적으로 확인하며 구체적인 결과와 파급효과를 분석한다. 사전 준비의 두 번째는 기록이다. 상황과 행위에 대한 사실 자체를 객관적인 입장에서 기록하며, 기록자의 의견이나 판단을 반영하지 말아야 한다.

긍정적인 성과가 나왔을 때는 무의미한 피드백보다는 지지적 피드백을 해야 하며, 부정적인 성과가 나왔을 때는 학대적 피드백보다는 교정적 피드백을 줘야 한다.

긍정적인 상황에서의 피드백은 성공의 비결, 자신의 탁월함, 영향, 계발하고 싶은 것, 도움의 순으로 하면 효과를 얻을 수 있고, 부정적 상황에서의 피드백은 상황, 조치나 행동, 영향, 개선되지 않을 경우 영향, 어떻게 할지, 필요한 도움의 순으로 하면 바람직하다.

2) 책임(Responsibility)

이 단계는 현 상태보다 더 나은 상태로 변화와 성장하고 싶다는 마음과 결심을 말한다. 이 단계에서는 원하는 상태를 얼마나 구체적이고 명료한 과제와 목표로 전환하는가가 중요하다.

우선 관심 영역 중에서 통제할 수 있는 것과 통제할 수 없는 것을 구분할 필요가 있다. 통제할 수 없는 결과 또는 성과는 수용하는 자세와 지혜가 필요하고, 통제할 수 있는 관심사항에 대해서는 리더십을 키우고 의지를 키워야 한다.

과제는 막연하게 묘사될 수 있지만, 목표는 구체적이어야 한다. 결과인 달성과제를 얻기 위해서는 달성과제 → 실행과제 → 선행과제 → 선결과제의 순으로 정의되어져야 한다.

3) 실행(Try)

자각단계와 책임단계를 통해 계획을 세웠으면 다음은 실행을 해야 한다. 실행력을 높이기 위해서는 후원환경, 자투리 시간 활용, 목표 쪼개기, 성찰을 해야 한다.

실행력을 높이기 위한 첫 번째 방법은 후원환경을 구축하는 것이다. 이 후원환경이 필요한 이유는, 자신의 의지만으로는 새로운 계획과 행동, 즉 실행과제를 위한 실행의 습관화가 어렵기 때문이다. 후원환경이란, 자신이 정한 계획과 실행과제를 실행하지 않으면 안 되게 하는, 또는 반드시 실행하게 하는 환경 또는 시스템을 만드는 것으로, 그 과정에서 후원자와 상호책임 방법을 정한다. 멘토 후원자, 리마인드 콜, 공약 등을 통해 후원환경을 구축할 수 있다.

실행력을 높이기 위한 두 번째 방법은 매일 자투리 시간을 확보하고 활용하는 것이다.

세 번째로는 큰 실행과제를 작은 실행과제로 쪼개기를 하고, 이 작은 과제에서의 성공 경험을 쌓는 것이다.

네 번째로는 매일, 매주, 매달 단위로 성찰을 습관화하는 것이다.

4) 변화(Shift)

ARTS에서 변화(S)는 고객 스스로 성과 측정 및 성찰을 하게 하여 얼마나 변했는지 메타인지함으로써 ARTS 사이클의 선순환의 고리를 연결시키는 단계이다. 코칭 성과는 코칭 목표를 이루기 위해 노력하는 과정에서의 성과(일상성과, 충실도)와 실제 성취성과를 합한 것이다. 과정 성과는 일상성과라고도 하며, 충실도(실행력 + 만족도)로 측정되고, 성취성과는 성취도(과정목표 달성도 + 결과목표 달성도)로 측정된다.

〈성찰과 실습 공간〉

◘ (ARTS 실습)
ARTS 모델을 사용하여 B고객을 코칭하기
- A와 B 교대하기

4
chapter

다양한 코칭 접근법

1. 마스터풀 코칭

마스터풀 코칭사의 설립자이자, 하버드 리더십 프로젝트의 디렉트를 역임한 로버트 하그로브(Rovert Hargrove)는 마스터풀 코칭을 제안하였다. 일반적으로 리더십을 잘 발휘하면 개인과 조직의 성과가 향상된다. 그러나 하그로버는 성과와 리더십의 상관관계를 오랫동안 연구한 후, “탁월한 성과를 달성하는 과정에서 변혁적인 리더십이 개발된다.”는 새로운 패러다임을 제시하였다. 기업에서 가장 원하는 고성과와 리더십의 문제에 대한 해답을 새로운 각도에서 제시하고 있는 것이다(하그로브, 2015: 19).

하그로브는 행동 연구가 아니라 뛰어난 성과를 만드는 과정을 통해 리더가 양성된다는 마스터풀 코칭 패러다임의 7가지 원칙을 기본으로 삼는다(하그로브, 2015: 35-39).

① 리더는 명령하고 통제하는 사람이 아니라 코치이자 스승이다

② 코칭은 잘못된 부분을 도려내는 것이 아니라 리더 자신의 위대함을 일깨우는 것이다.
③ 코칭은 부족한 리더십 역량을 채우는 것이 아니라 불가능한 미래를 창조하는 것이다.
④ 코칭은 모호한 사명선언문이 아니라 승리전략을 만드는 것이다.
⑤ 코치는 단기성과를 만드는 테크닉을 전수하는 사람이 아니라, 변혁을 추동하는 에이전트이다.
⑥ 코치는 그림의 떡이 아니라 점수판에 초점을 맞춘다.
⑦ 각별한 코칭관계가 맺어져야 한다.

코칭의 기초를 가르친 후 1년 동안 진행되는 마스터풀 코칭의 구조는 5단계 돌파과정과 12가지 변화 촉진 코칭 대화법으로 구성되어 있다. 5단계 돌파과정은 다음과 같다(하그로브, 2015: 44).

- 1단계(형성): 불가능한 목표, 계획, 리더십 문제와 비즈니스 과제에 대해 묻는다.
- 2단계(집중): 세상을 바꿀만한 놀라운 프로젝트를 프로토타입으로 신속히 만들어 피드백을 받고, 결과가 없더라도 나올 때까지 지속한다.
- 3단계(모멘텀): 작은 성공들을 모아 점차 확산한다.
- 4단계(돌파구): 큰 성공을 더욱 확장하고 극대화한다.
- 5단계(지속 가능성): 비즈니스 프로세스를 구축하고 얻은 경험을 제도화한다.

12가지 변화촉진 코칭 대화법은 저마다 강력하고 간결한 단계별 모델의 형태를 띠고 있으며, 매달 진행할 코칭 대화의 기반이 된다(하그로브, 2015: 161-280).

(형성) 코칭 대화법 1: 각별한 코칭관계를 구축하라

형성의 첫 단계로 코칭 첫 달에 이루어진다. 불가능한 미래를 창조하기 위해서는 어중간한 헌신이 아니라 전적으로 헌신하는 각별한 관계 구축이 필요하다. 고객의 성공에 전적으로 헌신하고, 비밀을 유지하고, 고객의 목표가 무엇이든 이루어지도록 돕겠다고 선언을 하면 신뢰를 빠르게 구축할 수 있다. 1년을 이끌어갈 신뢰 구축을 위해 고객과 호감을 갖고 관계를 구축해야 하며, 코칭인 것과 코칭이 아닌 것을 고객에게 이해시켜야 하며, 목표와 기대치를 분명하게 규정해야 한다.

(형성) 코칭 대화법 2: 불가능한 미래를 선언하라

마스터풀 코칭의 핵심은 갈망하지만 불가능한 미래를 선정하는 것이다. 불가능한 미래는 경영예측처럼 과거로부터 전개되는 것이 아니라, 미래에 대한 상상으로부터 시작해서 역으로 접근해야 만들 수 있다. 불가능한 미래를 만드는 능력의 한계는 예산이나 상사 때문이 아니라, 작은 말뚝에 매여 있는 코끼리처럼 행동하는 것에 기인한다.

코치는 고객이 지금까지 생각하지 못했던 방식으로 가능성을 상상해 자기 스스로를 재창조해서라도 이루고 싶은, 진정으로 갈망하는 불가능한 미래를 떠올리도록 도와주는 것이다.

우선, 고객의 개인적 포부와 조직에 대한 열망을 파악한다.

둘째, 고객으로 하여금 불가능한 미래에 전념한다는 생각에 동참하게 한다.

셋째, 불가능한 미래를 묻는 질문에 고객을 참여시킨다.

(집중) 코칭 대화법 3: 피드백을 하라

불가능한 미래를 달성하려면, 지금까지의 방식으로는 어렵다. 코치는 고객이 평범할 때조차 그 내면의 위대함을 지지하면서도, 변혁적이 되기 위해서는 고객의 변화가 꼭 필요하다. 리더와 조직의 재창조 없이는 불가능해 보이는 것을 성취할 수 없다. 변화목표를 선정하고, 어떻게 변화해야 하는지 질문을 던지면서, 다면평가를 통해 리더의 현재 모습을 있는 그대로 인식하고 피드백해야 한다.

마스터풀 코칭의 다면평가는 심도있는 인터뷰 진행과 판단근거 공개, 평가자의 말을 여과없이 전달하고, 보고서보다 코치와 고객의 대화에 더 의존한다.

다면평가를 위해 우선 고객으로부터 자신을 잘 알고, 자신이 피드백을 받고 싶은 10명의 목록을 받은 후, 1시간 이내의 인터뷰를 진행한다. 그리고 인터뷰 내용을 분석해서 패턴이나 테마를 찾고, 고객이 변화해야 하는 주제를 2~3가지 파악한다.

다음은 피드백 코칭 단계이다. 비록 지금은 고객이 초라해 보여도, 고객 내면의 위대함을 지지하면서, 고객의 변화를 위해서 피드백에 반박하기보다는 하나의 의견으로 경청해주고, 무엇을 배울 수 있는지 살펴볼 것을 요청한다. 피드백 내용을 그대로 전달하고, 파악된 2~3가지 변화 주제, 특히 목표 달성에 방해가 될 만한 점들 중심으로 대화를 진행한다.

어떤 피드백에든 고객은 자유롭게 감정을 표현해도 상관없다. 고객이 인정하지 않거나 받아들이지 않을 수도 있다. 하지만 주변 사람들이 고객을 어떻게 보는지에 대해 일일이 반론하기보다는, 그들이 말하는 고객의 모습에 어떤 패턴이 있는지, 그들이 보는 고객의 생각과 태도, 행동이 어떨지를 돌아보게 하라.

두 번째 다면평가 인터뷰는 6개월 후에 실시하며, 인터뷰 대상과 문항은 절반 정도로 줄여도 좋다.

(집중) 코칭 대화법 4: 성공적인 변화 반란(change insurgency)을 일으켜라

현대와 같은 창조적 파괴의 시대에는 오래 지속되는 제품, 경쟁사 벤치마킹, 지속적인 향상보다, 변화를 이루는 제품, 급격한 혁신, 비연속적 변화가 더 중요하다. 변화 반란자는 새로운 아이디어, 신선한 방법, 혁신적인 해결

책으로 현 상태를 긍정적으로 변화시킨다. 성공적인 변화 반란자로 재탄생하기 위해서는

첫째, 변화 반란을 위해 가장 높은 자리에 있을 필요는 없다. 직급과 관련 없다.

둘째, 과거에서 출발하지 않고 비전에서 시작해서 역으로 접근한다.

셋째, 정치의 체스판을 마스터한다. 고객에게 조직도를 그리고 자신의 아이디어를 지지해줄 사람과 반대할 사람을 구분하게 하고, 지지자를 확보하라.

넷째, 고객의 기대치와 욕구를 가늠하기 위해 사무실에서 나와 현장 가까이 가라.

다섯째, IT와 같은 신기술의 변화 위력을 활용하라.

여섯째, 다른 사람과 좋은 인간관계를 맺고 있는 사람들을 찾아 팀을 만들어라.

일곱째, 작은 돌파구 프로젝트가 큰 변화에 밑거름이 될 수 있음을 인식한다.

(모멘텀) 코칭 대화법 5: 원문서 또는 승리전략을 만들라

원문서는 특별한 미래를 만들겠다는 리더의 의도가 선언된 선언문이다. 조직구성원들이 공통적으로 지지할 수 있는 내용을 장대한 문서로 만들어놓은 승리전략들이다.

원문서를 만드는 과정에서 변화가 발생하는데, 기존의 승리전략만으로는 불가능한 미래에 도달할 수 없고, 무언가 급진적인 혁신을 해서 게임을 판도를 바꿔야 함을 리더가 깨닫게 되고, 또 리더 자신도 모르게 변화하기도 한다.

원문서를 만들기 위해서는 원문서가 무엇인지부터 이야기해야 한다. 구체적으로 이 문서에는 불가능한 미래에 대한 비전, 비즈니스의 승리를 정의하

는 전략적 의도, 바람직한 기업문화에 관해 가르칠 지침, 핵심목표와 이정표, 변화 추진 계획, 방법론 등이 포함되어야 한다.

원문서를 작성하기 위해 리더와 함께 초안을 작성해야 하는데, 초안은 개괄적이고 고무적인 문장으로 시작해야 한다. 그 다음 바꾸고 싶은 현재 상황을 설명하고, 이 현상을 타개할만한 불가능한 미래의 비전을 선포한 후 승리할 수 있는 새로운 지도 원리, 가르칠 점을 제시하고, 그 다음에는 도전적인 목표와 이정표, 방법론 등을 설명한다.

(모멘텀) 코칭 대화법 6: 에이스로 팀을 꾸려 큰 게임을 하라

위대한 꿈을 실현하는 것은 리더 혼자가 아니라 위대한 팀이다. 불가능한 목표를 달성하기 위해서는 평범한 직원이 아니라 뛰어난 인재들로 구성된 팀이 필요하다는 사실을 리더가 깨닫도록 해야 한다. A급 직원이 누구인지 정의해야 하는데, 두뇌가 명석하고, 성공경험이 있는 것도 좋지만, 눈에 보이지 않는 요소, 즉 본질, 감성, 태도, 실행 등에서 차별화되어진 인재이다.

인재 팀을 구성하기 위해서는 우선 왜 A급 인재가 필요한지부터 이야기해야 한다. 또한 직원들을 A, B, C급으로 나누는 조직도를 그리다 보면, 현재 직원들의 상태는 어떤지, 어떤 인재가 부족한지 파악할 수 있다. 나아가 인재를 유지할 수 있는 인재전략을 개발하고, 인재들의 리더십을 평가하고 피드백을 진심으로 해줘야 한다.

(돌파구) 코칭 대화법 7: 불가능한 미래를 일정에 반영하라

불가능한 미래와 원문서를 만들었다면 행동에 돌입해야 하지만, 리더의 일정은 언제나 가득 차 있다는 변명을 듣게 된다. 이 때 중요한 것은 고객의 업무 리스트에서 무엇을 하나 덜어내기 전에는 무엇을 더하지 말아야 한다는 것이다. 경영자들은 변화를 만드는 일과 단순히 운영상 필요한 업무를 구분하지 못하고, 어느 것도 포기하려 하지 않는다. 물론 단기 수익을 무시하라는 얘기는 아니다. 균형이 필요하다.

경영자의 시간관리 습관을 바꾸기 위해서는,

첫째, 코칭 시작 시 지난달의 목표와 실천 사항을 확인하고, 마칠 때는 다음 달 해야 할 일을 강조하기.

둘째, 리더의 업무는 비즈니스를 창출하는 것이지, 단순히 비즈니스를 운영하는 것이 아님을 일깨우기.

셋째, 고객에게 변화를 만드는 업무와 운영상 업무의 차이를 인식할 수 있도록 도움을 주어야 한다. 경영자의 활동을 변화를 이루는 업무, 중요한 업무, 사소한 업무로 분류하게 하면, 고객이 시간 관리를 어떻게 하고 있는지 스스로 깨달을 수 있다.

(돌파구) 코칭 대화법 8: 돌파구 프로젝트를 실행하라

불가능한 미래나 변화가 단번에 실현될 수는 없다. 작으면서도 의미있는 승리를 통해 더 큰 변화를 이룰 능력을 키우는 시작점이 있어야 한다. 고객에게 불가능한 미래에 대해 변함없이 헌신하도록 힘과 용기를 주면서도, 정교한 계획과 사전준비를 건너 뛰어 행동에 돌입하게 해야 한다.

돌파구 프로젝트의 사례와 기준을 알려주고 난 후, 돌파구 프로젝트를 본격적으로 고객과 함께 만든다. 불가능한 미래에 시동을 걸고 게임의 판도를 바꾸기 위해 빠른 시간 내에 성과를 낼 수 있는 한두 가지가 무엇인지 구체적인 목표나 결과를 정의해야 한다.

(돌파구) 코칭 대화법 9: 코치이자 멘토가 되어라

변화목표에 도달하는 과정에서 전략을 확인하는 시기와 전략을 이행할만한 리더를 찾는 시기 사이에 존재하는 시간차가 존재한다. 최고의 글로벌 리더는 대부분의 업무시간을 직원 코칭에 투자한다. 리더를 키우려면, 경영자가 코칭을 알아야 하며, 권위주의를 벗어던지고 코치이자 멘토로서의 모습을 갖추어야 한다. 이는 단순히 경영기술의 전환이 아닌 존재방식 자체에 변화가 일어나야 가능하다.

경영자가 자기 팀을 코칭하겠다는 뜻을 공공연하게 밝히고, 마스터풀 코칭을 검토하며, 세션을 구성한다. 코칭 일정을 미리 잡고 일대일 코칭을 진행하여, 직원들을 리더로 키워는 것이 경영자의 주된 업무가 되어야 한다.

(지속 가능성) 코칭 대화법 10: 위대한 결정과 판단을 내려라

불가능한 미래와 변화목표를 실현하기 위해서는 경영자가 모든 결정에 올바른 판단을 내리는 것보다, 진정으로 결단의 시간에 위대한 결정을 내리는 것이 중요하다. 인사, 전략, 위기 등에 관해 훌륭한 가치와 뚜렷한 윤리기준을 가지고 판단할 수 있도록 대화 파트너 역할을 코치가 해야 한다.

리더가 변화의 바람과 결단의 시간을 인식할 수 있는 영역을 발굴해야 하고, 결정을 명명하고 규정하는 생각 파트너가 되어야 한다. 리더가 성급한 결정을 하지 않고, 데이터에 근거하고, 사람들의 의견을 묻도록 장려해야 한다. 또한 너무 세세한 사항에 얽매이지 않고 실행에 옮기면서 고쳐 나가도록 도와주어야 한다.

(지속 가능성) 코칭 대화법 11: 코칭의 ROI에 초점을 맞춰라

경영자 코칭을 도입한 많은 기업에서 코칭이 과연 투자대비 효과가 있는지 질문을 한다. 실제로 상당한 수익을 올린 기업도 있지만, 가시적인 효과가 드러나지 않는 경우가 더 많다. 이 경우 코칭이 정말 효과가 없다라기보다는, 코칭 효과가 숫자로 측정되도록 점수판을 만들지 못했기 때문이다.

경영자가 불가능한 미래와 변화목표를 고수하게 만들면서, 공개적인 일정계획과 점수판(scoreboard)을 만들면, 경영자가 발전하는지 퇴보하는지 알 수 있고, 피드백을 통해 조정해 갈 수 있다. 물론 점수판 그 자체보다는 점수를 올릴 수 있는 주요사항에 충분히 집중하느냐를 통제할 수 있다. 이를 위해

- 핵심목표와 우선순위에 집중하고,
- 중요한 것에 초점을 맞춘 점수판을 만들고,

- 목표를 주요 수치와 주요 행동으로 변환하고,
- 고객이 점수판 상의 모든 것을 책임지게 하고,
- 매달 마스터풀 코칭 점수판을 검토해야 한다.

(지속 가능성) 코칭 대화법 12: 리더의 삶을 코칭하라

성공의 정점에 있는 최고경영자의 일정은 매우 빡빡하다. 그런데 어떤 경영자가 불가능한 비즈니스 목표를 달성하느라 건강과 개인의 휴식, 가족과의 관계를 놓쳤다면, 그의 삶은 어떤 의미를 가질까? 직장생활과 개인생활이 명확히 구분되고, 어느 한쪽의 성공이 다른 한쪽의 실패를 보상할 수 있을까?

어느 누구든 자신의 인생에서 성공했다고 평가하려면, 직장생활과 개인생활 구분 없이 균형 있는 삶을 살아야 한다. 행복은 승진, 고액 연봉 외에도 친구, 사회적 관계, 조용한 시간 등과도 관련이 깊다.

비즈니스에서 금전적인 불가능한 목표를 추구하며 달려 왔다면, 개인 생활에서도 비금전적인 불가능한 미래를 규정하고 변화하도록 도와주어야 한다.

우선 경영자들의 업무패턴이 가져다주는 결과에 관한 대화를 통해, 장시간 일을 하는 이유를 묻고, 개인적 생활에서 무엇을 놓치고 있는지 파악해야 한다. 경영자가 단순히 비즈니스맨이 아니라, 온전한 인간으로서 자신의 삶을 살아갈 수 있도록, 상상력을 동원해 개인적 삶에서의 불가능한 미래를 찾을 수 있도록 도와야 한다.

〈성찰과 실습 공간〉

◘ (질문)
- 마스터풀 코칭이 다른 코칭과 다른 점은 무엇인가?
- 마스터풀 코칭에서 어떤 부분이 강력한가?

2. 긍정심리학 및 강점 코칭

긍정심리학 관점에서 코칭을 바라보는 관점도 있다. 긍정심리학은 미국 펜실베이니아대 심리학과 교수인 마틴 셀리그만(Martin E. P. Seligman)이 1998년 처음 사용했다. 기존 심리학과 달리 긍정 심리학은 인간의 아픈 과거나 약점보다 긍정성과 강점에 초점을 맞춘 심리학의 새로운 성격이다. 그는 심리학이 우울증과 불안, 정신분열 같은 병리 현상에만 매진하다 보니 삶을 불행하게 하는 여러 심리 상태를 완화해 주는 데는 도움이 되었으나, 삶의 긍정적 가치를 부각시키려는 노력이 부족했다고 하였다. 긍정심리학은 인간의 행복과 낙관성, 성격의 강점에 초점을 두며, 업무수행능력과 성과를 높이는 요인, 건강한 관계속의 역동성, 인간으로서 갖춰야 할 조건 등을 다룬다.

긍정심리학은 개인과 조직, 사회에서 일어나는 기쁘고 좋은 일을 더 오래 지속시킬 수 있는 방법과, 힘들고 나쁜 일들을 극복하고 해결할 수 있는 과학적인 방법들을 알려준다. 그 방법은 인간의 긍정적인 측면과 긍정심리학의 5가지 요소인 긍정 정서, 몰입, 삶의 의미, 긍정 관계, 성취와 이들의 기반이 되는 성격 강점이다.[1)]

초기의 긍정심리학은 단순한 개인의 행복과 만족한 삶에 초점을 두었다. 그러나 지금은 긍정적 정서, 몰입, 삶의 의미, 긍정적 인간관계, 성취를 끌어내어 플로리시(Flourish)로 확장되었고, 교육, 건강, 사회, 국가까지 포함한 인간의 삶 전체를 다루고 있다.

긍정심리학이 무조건 긍정성에만 초점을 맞추는 것이 아니라 부정성도 외면하고 있지는 않다. 인생의 중요하고도 자연스러운 부정적 정서, 실패, 문

1) 로베르트 비스바스 디너, 벤 딘(2009) 지음, 서희연 옮김, 『긍정심리학 코칭』, 아시아코치센터

제, 그 밖의 불쾌한 현상 모두를 인정하고 있다.

특히 마틴 셀리그만은 우리가 자신의 약점을 고치려고 시간과 노력을 투자하는 것은 바람직하지 않다고 하였다. 인생 최대의 성공과 더없는 만족은 개인의 대표 강점을 연마하고 활용하는 데서 비롯된다고 하였다. 이 대표 강점은 개인이 지닌 아주 특별한 강점이며, 보통 강점과 구분된다.

로베르트 비스바스 디너(Robert Biswas-Diener)는 긍정심리학이 이론에만 머물지 않고 코칭 분야에서 적극적으로 활용되기를 원했다.[2] 그에 따르면 과학으로서 긍정심리학은 코칭에 지식을 제공하고, 코칭 작업 기준을 높이고, 코칭 도구를 개선하도록 도움을 준다. 실제로 긍정심리학을 공부한 많은 사람들이 긍정심리학을 응용하기 위해 코칭을 선택한다. 긍정심리학과 코칭 둘 다 모두 개인과 집단이 더 잘 수행하고, 더 행복하고 만족스럽게 살아가도록 돕는 것에 관여하기 때문이다. 긍정심리학 교육을 받은 사람의 다수가 코치가 되고, 이들은 강점 이론을 기업 컨설팅 작업의 핵심 요소로 사용하기도 하고, 긍정적 정서와 회복탄력성을 학교와 군대에서 교육용으로 활용하며, 긍정심리학 이론을 심리치료에 적용하기도 한다.

또한 로버터 디너에 따르면 긍정심리학 코칭이나 기존 코칭 모두 코치와 고객의 상호 협력적인 관계를 권장하며, 고객은 창의적이고 유능하다고 가정한다.[3] 코치와 고객의 관계는 직업적이며, 코칭 계약과 비용, 윤리적 행동에 대한 주의가 필요하다. 효과적인 질문, 성과 인정하기, 허락 요청하기, 챔피어닝, 고객의 에너지 추적하기, 관점의 전환, 책임감 증진 기법 등 동일한 도구를 이용한다.

그러나 긍정심리학 코칭은 고유의 특징도 갖고 있다. 무엇보다 긍정심리학이라는 과학에 뿌리를 둔다. 긍정심리학 코칭의 토대가 되는 지식 베이스가 역동적이며, 코치는 긍정심리학 연구를 적극적으로 활용해서 자신이 선별

2) 로버트 B. 디너 지음, 우문식·윤상운 옮김. 『긍정심리학 코칭기술』, 물푸레, 2011, p. 9.
3) 로버트 B. 디너 지음, 우문식·윤상운 옮김. 『긍정심리학 코칭기술』, 물푸레, 2011, pp. 288-290.

한 개입과 기법을 끊임없이 업데이트해야 한다는 뜻이다.

또한 긍정심리학 코칭은 강점에 초점을 맞춘다는 점에서 다른 코칭들과 미묘한 차이가 있다. 어느 영역이든 노련한 코치는 개인의 자원과 재능, 성공 요인들에 초점을 맞추겠지만, 긍정심리학은 더 구체적이고 세련된 도구를 사용한다. 경험적으로 검증된 검사, 강점 활용의 근거와 이점에 관한 이론, 강점을 확인하고 계발하고 이용하는 전략과 강점 어휘가 포함된다.

긍정심리학 코칭의 또 다른 특징은 긍정적 정서에 주목한다는 것이다. 실제로 수많은 코치가 고객의 긍정적 에너지를 끌어올리고, 이것이 고객의 발전을 촉진한다는 것을 잘 알고 있다. 긍정심리학은 이를 위해 과학적 지식에 기초한 방법, 즉 긍정적 정서의 구체적인 이점, 긍정적 정서의 한계, 목표 및 동기와 긍정적 정서의 관계에 대해 다룬다.

로버터 디너는 자신의 저서 『긍정심리학 코칭기술』을 통해 강점, 희망, 긍정 진단, 평가, 변화에 관해 설명하면서 긍정심리학을 코칭에 활용하고자 하였다.

▶ 강점

로버트 디너는 긍정심리학 코칭의 핵심이 강점 찾기라고 한다. 강점이 개인이나 조직의 행복과 성공에 중요한 역할을 하기 때문이다. 강점은 타고나는 재능이며, 이 강점을 찾아 계발하고 강화하면 누구나 성공할 수 있다고 하였다. 긍정심리학은 고객의 강점을 측정하고, 강점들의 관계를 연구하고, 강점 계발 전략을 고안한다. 약점도 누구나 있다. 약점을 인정하되, 약점을 보완하려고 애쓰기보다는 강점을 더 강화하는 것이 목표 달성에 도움이 된다.

강점을 찾기 위해선 역시 질문이 중요한데, 고객의 대표 강점을 찾아주고, 적당한 주제를 찾아 질문을 어떻게 하느냐가 코칭의 결과를 좌우할 수 있기 때문이다.

크리스 피터슨(Peterson, C.)과 마틴 셀리그먼(Seligman, M.E.P.)은 모

든 문화권에서 사용될 수 있는 강점 분류체계를 만들었다. 다양한 사람들의 강점을 평가하도록 고안된 이 분류체계는 VIA-IS라고도 불리며, 2017년 7월 기준 500만명이 넘는 사람들에게 실시되었다. 204 문항으로 6개 영역의 24개 강점을 측정하는데, 사이트[4]에서 누구나 무료로 이용가능하고, 한글도 선택할 수 있다.

이러한 과학적 도구를 통해 강점을 진단하고, 이를 매개로 한 강점 코칭은 매우 효과적일 수 있다. 자신의 약점보다 장점을 얘기할 때 누구나 신이 나고 동기가 부여되기 때문이다. 사실 모든 기업들도 당사의 경쟁적 강점을 살려 제품을 만들고 판매한다. 기업이 가진 약점은 자체적으로 보완하려고 노력하기보다는, 다른 기업을 통해 보완한다. 자사가 약한 부분에서 강점을 가진 기업과 전략적 제휴를 맺거나 인수합병을 하기도 한다.

이와 마찬가지로 개인도 약점을 보완하려고 투자하기보다는 자신의 강점을 살려 상황에서 활용하는 것이 더 효과적이다. 자신의 강점을 정확히 진단하고, 더욱 개발하고, 이를 자신이 처한 상황에서 활용하도록 해야 한다.

4) https://www.viacharacter.org/Survey/Account/Register

〈표 4-1〉 VIA-IS 강점 분류 체계

영역명	영역 설명	영역별 강점명
지혜와 지식 (Wisdom and Knowledge)	지식의 획득과 이용을 가져오는 인지적 강점	• 창의성(Creativity) • 호기심(Curiosity) • 판단(Judgment) • 학습 선호(Love of Learning) • 지혜적 관점(Perspective)
용기 (Courage)	내적 혹은 외적 반대와 직면해서 목적을 달성하고자 하는 의지의 실행과 관련된 감정적 강점	• 용감성(Bravery) • 인내심(Perseverance) • 정직(Honesty) • 열정(Zest)
인간성 (Humanity)	관계를 맺는 대인관계 강점	• 사랑(Love) • 친절(Kindness) • 사회관계적 지능(Social Intelligence)
정의 (Justice)	건전한 공동체 생활에 바탕이 되는 시민적 강점	• 팀웍(Teamwork) • 공정성(Fairness) • 리더십(Leadership)
절제 (Temperance)	과도함을 막는 강점	• 용서(Forgiveness) • 겸손(Humility) • 신중함(Prudence) • 자기-규제(Self-Regulation)
초월성 (Transcendence)	더 넓은 우주로 연결하고 의미를 제공하는 강점	• 아름다움과 탁월함의 이해 (Appreciation of Beauty and Excellence) • 감사(Gratitude) • 희망(Hope) • 유머(Humor) • 영성(Spirituality)

▶ 행복

삶에서 기쁨과 의미를 발견할 때 누구나 행복을 느낀다. 인간은 누구나 행복해지기를 원하며, 코칭과 긍정심리학은 둘 다 인간의 행복 달성을 목표로 한다. 행복감은 개인, 직장, 인간관계에서 많은 이점이 있으며, 특히 직장에서의 행복은 주요한 코칭 주제이다.

▶ 긍정적 정서 혹은 희망

인간은 미래를 예상하는 능력이 있고 이를 이용해서 더 나은 삶을 살 수 있다. 미래 결과에 긍정적 영향을 미치는 자신의 능력에 대한 확신, 즉 미래에 대한 희망이 코칭의 성공에 중요하다. 코칭의 많은 기법들이 희망을 그려보게 하고, 동기와 자기 효능감을 강화하는데 이용되고 있다.

▶ 긍정 진단

의사들이 진단 능력을 활용하는 것처럼, 코치가 긍정적 행동, 긍정적 정서, 긍정적 사고방식을 관찰해서 수행 문제를 확인하고, 그에 따라 업무 스타일을 조정할 수 있는 '긍정 진단'을 코칭에 이용할 필요가 있다.

▶ 평가

코치들은 고객의 수행에 영향을 미치는 성격, 흥미, 강점 등 개인적 특성을 측정하는 검증된 평가 도구를 활용할 수 있다. 긍정심리학에서 제공하는 검증된 척도에 의지해서 개인과 집단을 연구할 수 있다.

▶ 변화

우리는 의식하지 않아도 중요한 변화와 순간들이 모여 하루를 이루고 우리의 삶을 이룬다. 각 변화의 수준에서 어떤 의미가 있고, 어떤 감정을 가지며, 다음 변화에 어떤 영향을 미치는지, 각자의 태도와 행동에 어떤 영향이 있는지 연구할 필요가 있다.

〈성찰과 실습 공간〉

◘ (질문 및 실습)

- 강점코칭은 다른 코칭과 다른 점은 무엇인가?
- VIS-IS로 자신의 강점을 검사해 보기, 1-2개의 강점을 골라서 파트너에게 설명하고, 파트너는 인정하기
- 강점 중심으로 자기를 소개하기

3. 마음챙김 코칭

1) 마음의 이해

신호주와 김광호(2010)[5]는 저서 『마음 코칭』에서 모든 세상사는 마음먹기에 달렸다고 하였다. 불교에서는 일체유심조(一切唯心造)라 해서 모든 것은 마음에 있다고 하며, 잠언에서는 '사람은 자신이 마음속에 생각하는 그대로 존재한다.'라고 하였다.

세상 안에 내가 있고 내 안에 세상이 있다. 내가 세상의 한 부분일 뿐이지만, 한편으로 세상을 내 마음의 인식이나 사고의 틀로 바라보고 인식할 수 있다는 것이다. 우리가 더 나은 삶을 살기 위해서는 자신과 세상을 보다 폭 넓게 인식하고 원하는 삶을 꿈꾸고 최선의 노력을 해야 하는 것이다.[6]

우리를 만드는 것은 우리의 행동이며, 행동을 하게 하는 힘의 원천은 마음에 있다. 마음이 모든 것의 원천이고, 우리의 성공과 행복도 마음에 달려있다. 심리학은 마음을 과학적으로 탐구하는 학문이며, 뇌-마음-행동간 관계를 연구하는 노력도 계속되고 있다.

그럼 마음은 무엇이며, 어떤 모습이고, 어디에 존재하는가? 우리는 마음을 어떻게 찾고, 만들고, 사용할 수 있는가?

마음은 지각, 기억, 감정, 의지, 지적, 영혼의 활동이며, 눈에 보이지 않는 인간의 정신활동이다. 정신, 감정, 영혼과 동의어로 쓰이며, 심리학에서는 '의식'이라는 뜻이다. 심리과학적으로 '마음은 정보를 수집, 처리, 보관하는 뇌의 고등기능'이라고 한다. 현대의 뇌과학에 따르면 마음은 뇌의 작용이며 뇌에 존재한다고 한다. 특히 불교에서 마음에 관한 통찰이 깊은데, 진아(眞

5) 신호주 · 김광호(2010), 『마음코칭』, 책이 있는 마을.
6) 신호주 · 김광호(2010), 『마음코칭』, 책이 있는 마을. p. 32.

我), 영혼, 욕구, 감정, 생각 등을 망라하는 종합적이고 다중적인 개념이다.

인간은 육체(물질)와 마음(정신)을 동시에 가지고 있다. 이 육체와 마음, 혹은 물질세계와 마음의 세계는 분리되어 있는지 연결되어 있는지에 대해 신호주와 김광호는 양자물리학을 통해 아래와 같이 설명하고 있다.

아인슈타인의 상대성 원리를 보면 에너지는 질량에 빛의 속도 제곱을 곱한 것과 같다. 에너지와 물질은 독립적이라기보다는 서로 연관되어 있고 서로 변형될 수 있다. 즉 물질은 에너지다.

이후 양자물리학에서는 원자 이하의 차원에서는 실체가 고정된 물질로 존재하는 것이 아니라 '의식'이라는 '가능성의 장'으로 존재한다고 한다. 존 아사라프에 따르면, 물리적인 세상에 존재하는 모든 것은 원자로 만들어져 있고, 원자는 에너지로 만들어졌으며, 에너지는 의식(마음)이다라고 한다. 디펙 초프라는 눈에 보이지 않는 생각의 세상과 눈에 보이는 물질의 세상은 분리되어 있지 않고, 물질세계는 드러난 빙산의 일부분이며, 세상은 보이지 않는 빙산에 의해 좌우되고, 이것이 인생의 성공과 행복을 이끄는 원동력이다라고 하였다.

우리 인간도 마음과 육체로 이루어져 있고, 우리 행동의 밑바닥에는 항상 마음이 있다. 따라서 인간과 인간의 행동을 이해하려면 마음을 이해해야 한다. 현재의 모습에서 더 나은 모습으로 변화하기 위해서는 마음이 그 핵심에 있다. 마음은 우리 삶의 창조자이며 마음이 바뀌면 행동이 바뀌고 인생이 바뀐다.

지금까지 마음이란 무엇이며, 마음이 왜 중요한지 살펴보았다. 이러한 마음 혹은 인간 정신에 관해 브라이언 트레이시는 ≪성취심리≫에서 '인간 정신의 7가지 법칙'을 설명하고 있다.[7)]

① 통제의 법칙(The Law of Control)

자신이 삶을 제어하고 있다고 생각하면 스스로 긍정적인 느낌을 갖게 되

7) 브라이언 트레이시(2003), 『성취심리』, 홍성화 옮김, 씨앗을 뿌리는 사람

지만, 외부의 어떤 것이 자신을 제어하고 있다고 생각하면 부정적인 인식을 갖게 된다. 심리학에서 '통제의 원천이론'이라고도 불리는데, 거의 모든 스트레스와 불안, 긴장 그리고 이로 인한 신체질환은 자신의 삶의 영역을 제어할 수 없다고 느끼거나 실제로 제어할 수 없을 때 초래된다는 것이 이론의 핵심이다.

② 인과의 법칙(The Law of Cause and Effect)

'우주의 철칙'이라고 하며, 세상에 우연한 일이란 없으며, 모든 결과에는 분명한 이유가 있다라는 것이다. '생각이 씨앗이라면, 상황은 열매'라 할 수 있다. 삶에 원치 않는 결과가 생겼다면 원인을 찾아내 제거해야 한다. 사람들은 자신의 불행을 다른 사람이나 사회 탓으로 돌리며 울분을 토하는데, 이보다는 차분히 그 원인을 주의 깊게 분석하는 편이 더 낫다.

③ 신념의 법칙(The Law of Belief)

'무엇이든 느낌을 갖고 믿으면 그것은 현실이 된다.'라는 법칙이다. 될 수 있다는 믿음이 강할수록 이루어질 가능성이 커진다. 크게 성공할 것이라고 믿으면 큰 어려움에도 좌절하지 않지만, 성공이 운에 달렸다고 믿으면 작은 실패에도 좌절하고 만다. 극복해야 할 가장 큰 정신적인 장애물은 바로 자신을 제약하는 잘못된 믿음들인 것이다.

④ 기대의 법칙(The Law of Expectations)

'무엇이든 확신을 갖고 기대하면 그대로 된다.'라는 것이다. 같은 학생이라도 선생님이 높은 기대를 하는 학생의 성적이 더 좋다. 자신에게 스스로 기대하는 정도가 바로 자기 성장의 한계이다. 세상은 나에게 좋은 일을 하려하고, 세상이 나에게 거는 기대가 나에게 유익하다고 생각하는 것만으로도 우리 주위는 긍정적인 에너지로 가득 차며 삶 전체가 바뀔 수 있다.

⑤ 인력의 법칙(The Law of Attraction)

'인간은 살아 있는 자석이다.'라는 법칙이다. 자신의 생각과 일치하는 사람을 우리의 삶으로 끌어들인다. 삶의 모든 것은 생각 때문에 생기며, 생각과 감정이 같은 사람과 상황을 반복해서 만난다. 행복한 사람은 행복한 사람을 끌어들이므로, 이 인력의 법칙을 긍정적으로 사용하는 것이 좋다. 자신의 목표를 정확하게 정하고, 성취할 수 있다는 낙관적인 태도를 취하면 좋은 일이 생기고 도움을 주는 사람들이 나타난다.

⑥ 상응의 법칙(The Law of Correspondence)

'안에 있는 대로 밖으로 표출된다'. 외부세계는 내부세계를 비추는 거울이다. 외부세계를 영구히 바꾸는 유일한 길은 내면을 바꾸는 것뿐이다. 사람들에게 존중을 받으려면, '내면의 나는 지금 어떤 모습인가? 그리고 어떤 모습으로 변화되어야 하는가?'를 자신 스스로에게 '끊임없이 물어야 한다.

⑦ 마음 등가의 법칙(The Law of Mental Equivalency)

"생각은 스스로를 객관화 한다". 생각이 곧 사물이다. 생각을 먼저 지배하는 것은 인간이지만 그 다음에는 생각이 우리를 지배한다. 생각을 바꾸면 인생이 바뀐다. 이 모든 혁명은 자기 내부의 생각으로부터 시작된다.

마음코칭에서는 고객의 마음을 파악하는 것이 핵심이다. 고객의 존재 목적을 이해하고, 고객의 마음 속 깊은 곳 생각과 가치관을 파악하고, 그 마음과 고객의 주변 상황과의 연결이 이루어지도록 고객을 지원해야 한다.

2) 마음챙김 코칭

(1) 마음챙김 코칭(mindfulness coaching)이란?

마음챙김(mindfulness)에 대한 정의는 다양하다. 별다른 의식 없이 어떤 순간에 몰입flow하는 것과 유사하다. 마음코칭은 존재(being)에 관한 것이며, 현재 상황을 '있는 그대로' 받아들인다. 옥스퍼드 온라인 사전에서는 '어떤 것을 인지하거나 의식하고 있는 상태'로 정의한다. 과거나 미래에 머물지 않고, 지금-여기(now-here)에 마음과 의식을 집중시키는 것이다.

우리는 자주 여러 생각들로 머리가 복잡해진다. 이 때 판단을 하지 않고,

현재 상태를 있는 그대로 관찰하고, 그 생각들이 어디에서 오는지, 그리고 그냥 흘러가게 할 수 있다. 지금 느끼는 생각과 감정에 충분히 머물러서 온전히 의식하고 이해할 수 있게 되면, 우리의 삶이 충만되고, 확장될 수 있다. 지금 이 순간의 삶을 더 생생하게 살 수 있는 것이다. 마음을 실제로 훈련하고 변경시키는 마음챙김은 생각과 감정을 더 잘 인식하고 느낌으로써, 마음이 더 자유로워지고, 부정적인 생각과 감정을 더 잘 통제할 수 있게 해준다. 우리가 현재에 머물도록 돕고, 타인을 받아들이며 공감할 수 있게 해준다. 자기자신을 더 깊이 관찰할 수 있게 되면, 삶에서 더 많은 선택권을 가질 수 있다.

코칭에서는 코칭 세션 전에 코치의 마음을 정리할 수 있게 해주고, 세션 중에는 다른 생각에 젖어드는 코치를 다시 고객과 함께 하도록 해준다. 코칭 세션 중에 코치의 머리속에 여러 가지 생각이 떠오르면 고객에게 집중할 수 없기 때문이다. 지금-여기에 집중해서 고객에게 온전히 집중하게 되면 고객과 연결되는 느낌을 받게 된다.

고객에게는 고객의 현재 감정에서 분리될 수 있도록 해준다. 사람들의 변화를 돕는 것이 코칭의 존재 이유인데, 이는 고객이 지금 이 순간의 자각 능력 확대를 통해 더 깊이 자신을 바라보고 더 많은 선택권을 가짐으로써 가능해진다. 마음챙김의 혜택을 정리하면 아래와 같다.[8)]

-주의력과 집중력 강화

-의사결정 능력 개선

-향상된 자기 인지와 타인 인지

-정서 지능(emotional intelligence)와 회복탄력성(resilience)의 증가

-인지적 효과 향상

-성과 향상

-스트레스 관리와 예방 능력 향상

---

8) 리즈 홀(2017), p. 33.

-더 나아진 삶의 질
-크게 향상된 창조성

카밧-진(Kabat-Zinn, 1991)은 마음챙김의 기초로 7가지 태도를 제시했다.

-지나친 노력을 하지 않는 것(non-striving)
-판단하지 않기(non-judging)
-인내(patience)
-초심자의 마음(beginner's mind)
-신뢰(trust)
-수용(acceptance)
-내려놓기(letting go)

(2) 마음챙김 코칭 실습

▶마음챙김 순간(The Mindful minute)[9)]
-1분간 타임을 설정하고, 방해받지 않는 공간 확보
-긴장을 풀고, 편안한 자세
-정상적으로 호흡하면서, 1분 안에 몇 번 호흡하는지를 계산만 하기

▶의식적 호흡(Conscious breathing)-틱낫한(Thich Nhat Hanh)
-5~10분 동안 방해받지 않기.
-숨을 들이쉬면서 '들이마시기'라고 자신에게 말하기
-숨을 내쉬면서, '내쉬기'라고 자신에게 말하기
-자신에게 연민을 가지고, 호흡에만 집중하기
-들이쉬면서 가슴이 어떻게 느껴지는지

9) 리즈 홀(2017), pp. 169-170.

-들이쉬면서 복부에서 어떻게 느껴지는지 집중하기
-산만해진 마음을 알아차리고 가져온 것에 대해 자신을 칭찬하기
-천천히 원래의 장소로 돌아오기

▶자애명상

-15분 정도 최대한 편안한 자세
-자기 자신, 사랑하는 사람, 잘 모르는 사람, 미운 사람, 모든 사람을 순서대로 불러와서 아래의 표현들을 말해준다.
-나는/당신이/모든 존재가 고난에서 벗어나기를 바랍니다.
나는/당신이/모든 존재가 잘 되기를 바랍니다.
나는/당신이/모든 존재가 행복해지기를 바랍니다.
나는/당신이/모든 존재가 사랑하고 사랑받기를 바랍니다.

▶FEEL 모델-리즈 홀(Liz Hall)[10]

-Focus집중: 신체감각, 생각, 느낌 등에 촉각을 곤두세우기
"최대한 편안한 자세를 취하고, 눈을 감고, 당신의 감정에 불을 비춰 보세요. 주의를 집중시키고, 무엇이 보이나요?"

-Explore탐색: 나타나는 것을 그대로 바라보기
"어떤 감정을 느끼나요?"
"좀더 자세히 설명해 주세요"
"그 감정은 어떤 생각과 연결되어 있나요?"
"어디에서 느끼는가요? 새로운 건가요? ...

-Embrace포옹: 부드럽게 안아주기
"그 감정으로 다가가서 친근하게 바라보세요."

10) 리즈 홀(2017), p. 195.

"판단하지 말고, 그 감정을 부드럽게 안아주세요."

-Let go가게하기: 붙들지 않고 가는 것을 바라보기
"그 감정을 잡은 손을 놓아주세요."
"서서히 멀어져 가는 그 감정에 손을 흔들어 주세요"
"그 감정이 완전히 사라지고 나면, 천천히 눈을 떠 보세요"

〈성찰과 실습 공간〉

◘ (질문 및 실습)
- 마음은 무엇인가?
- 마음챙김 순간 실습하기
- 의식적 호흡 실습하기
- 파트너와 FEEL모델 실습하기

4. 감성 코칭

우리들의 지능은 IQ테스트를 이용하여 측정할 수 있으며, IQ 지수가 높은 사람은 학교에서 성공적이고, 인지적 업무를 빠르게 처리할 수 있다. 그러나 IQ 지수가 높은 사람이 사회적으로 꼭 성공한다라고 보장할 수 없으며, 다른 여러 지능들의 중요성이 제기되었다. 특히 감성지능(Emotional Intelligence)에 대해서는 오랜 기간 동안 다수의 학자들에 의해 꾸준히 탐구되어 왔다.

감성지능의 기원은 찰스다윈(Charles Darwin)으로 거슬러 올라가는데, 그는 1870년대의 저서에서 '정서표현이 인간의 생존과 적응에 일정한 역할을 수행한다'라고 강조했다. 1920년 미국의 심리학자 에드워드 손다이크(Edward Thorndike)는 '사회지능(Social Intelligence)' 개념을 발표하였

다. 1940년 IQ 개발자 중의 한 명인 데이비드 웨처슬러(David Wechsler)는 '정서적이고 능동적인 능력, 즉 감성지능과 사회지능을 설명하면서, 이를 IQ 지능에 포함해야 한다고 하였다. 1983년 하버드대학의 하워드 가드너(Howard Gardner)는 성찰 능력과 지능을 포함하는 다중지능(Multiple Intelligence)의 가능성을 제기하였다. 1985년 미국 심리학자인 르우벤바론(ReubenBaron)박사는 전 세계 4만 명을 대상으로 감성지능을 과학적으로 검증하였다.

'감성지능'이라는 용어는 1990년 뉴햄프셔 대학의 존 메이어와 예일대학의 피터셀로비가 처음 만들었는데, 이들은 감성능력을 '사회적 능력의 한 형태로서 자신과 타인의 느낌과 감정을 차별화하고 이 정보를 자신들의 생각이나 행동을 결정하는데 활용할 수 있는 능력'으로 정의하였다. 1995년 하버드대 심리학과 교수인 대니얼 골먼(Daniel Goleman)도 『감성지능: EQ가 IQ보다 중요한 이유는 무엇인가?』를 출간하여 소프트 스킬(Soft Skill)이 성공을 판가름하는 중요한 자질이라고 하였으며, "리더십의 성공은 90%가 감성지능에 달려 있다"라고 하였다.

감성지능은 자기인식, 자기조절, 동기부여, 공감, 사회적 기술의 5개가 핵심이다. 1990년대부터 다수의 전문가들에 의해 감성능력의 의미와 모델을 제시해 주었지만, 여기서는 특히 아델 린(Adele B. Lynn)이 제시한 감성능력 모델[11]을 소개한다. 그녀는 감성능력을 향상시키기 위해 셀프코칭 기법을 제시하였으며, 아래의 5개 요소를 핵심으로 규정하고 있다.[12]

① **자기인식과 자기통제**: 자신을 충분히 이해하고 이를 활용하여 감정을 생산적으로 관리할 수 있는 능력.

② **감정이입**: 다른 사람들의 관점을 이해할 수 있는 능력.

---

11) The EQ Difference A Powerful Plan for Putting Emotional Intelligence to Work Paperback Lynn, Adele B. AMACOM/American Management Association, 2004. 11. 19.

12) 밥 월(2007), p. 28.

③ **사회적 전문성**: 진정한 인간관계와 유대를 수립하고 배려, 관심, 갈등을 생산적인 방법으로 표현하는 능력.

④ **개인적 영향력**: 자신뿐만 아니라 타인을 긍정적으로 선도하고 그들에게 영감을 불러일으키는 능력.

⑤ **목표와 비전의 숙달**: 가슴 깊숙이 내재되어 있는 의지와 가치관에 기반을 둔 생활을 통하여 삶의 진정성을 이끄는 능력.

시몬스사는 EQ Profile이라는 도구를 이용해 이러한 감성능력의 특성을 13가지로 분류하여 30여년에 걸쳐 측정해오고 있다. 여기에는 에너지, 스트레스, 낙관성, 자부심, 업무, 세부사항, 변화, 용기, 지시, 결단성, 인내심, 타인에 대한 배려, 사회성의 13가지가 있다. 회사 내 존재하는 각각의 직무들은 각기 다른 감성적 능력을 필요로 하며, 이의 조화가 잘 이루어질 때 최고의 생산성과 업적을 달성할 수 있다는 그간의 연구 결과에 기반을 둔 시몬스사의 EQ Profile은, 업무가 필요로 하는 감성적 요구와 잘 조화시킬 수 있도록 사람들을 도와줌으로써, 신규직원 채용에 대한 의사결정이나 개인계발에 대한 보조 자료로 활용될 수 있다.

EQ검사는 하나포스 등 국내에도 무료 이용 사이트가 있다.

밥 윌은 코칭의 정의를 "코칭이란 업무성과를 향상, 유지, 개선, 수정하기 위하여 체계적으로 디자인된 대화 형태를 말한다."라고 하였다. 업무성과는 감성능력에 의해 크게 영향을 받으므로, 감성코칭을 통해 업무성과를 향상시킬 수 있다고 하였다. 특히 그는 코칭을 구조화하여 리더들이 체계화된 형식을 숙달함으로써 좀더 나은 코칭 방법을 배울 수 있다고 하였다. 그가 제시한 코칭의 4단계는 다음과 같다.

- 1단계(서언): 나는 당신과 무엇(성과영역)에 대해 얘기하고 싶다.
- 2단계(관찰): 최근에 내가 당신의 어떤 점(성과나 행동을 기술한다)을 관찰하였다.

• 3단계(영향): 그 결과가 미치는 영향(수행된 결과가 미치는 영향에 관해서 기술한다)은 이렇다.
• 4단계(요청): 지금부터, 나는 당신이 무엇(어떻게 성과나 행동을 개선할 것인가에 대해서 기술한다)을 어떻게 해주었으면 한다.

예를 들어 지각을 자주하여 팀의 분위기를 떨어트리는 팀원을 코칭해 보자.

• 1단계(서언): 홍길동씨, 나는 당신의 빈번한 지각에 관해 얘기를 좀 나누고 싶습니다.
• 2단계(관찰): 이번 주에 한번, 지난 달에 3회 지각을 하였더군요.
• 3단계(영향): 당신의 지각은 팀의 분위기를 흐리며, 회의를 정시에 시작 못하게 하고 있습니다. 근무 규율을 감독하는 제 입장도 곤란하구요.
• 4단계(요청): 앞으로는 지각을 월 1회 이하로 출근 시간을 지켜 주시구요. 특별한 사정이 있다면, 사전에 제게 통지를 해주시기 바랍니다.

위에서는 교정적 피드백 코칭의 예를 들었는데, 칭찬을 위한 코칭도 같은 단계를 따라하면 된다. 업무적으로 발생하는 어떤 상황이든지, 위의 체계를 따르면, 칭찬을 더 많이 할 수 있고, 교정적 피드백에 대한 큰 부담없이 자주 직원과 코칭 대화를 할 수 있다.

〈성찰과 실습 공간〉

◘ (감성코칭 실습)
- 감성코칭은 다른 코칭과 다른 점은 무엇인가?
- EQ 검사하기
- 감성을 주제로 코칭 실습하기.

5. 그룹 코칭[13)]

최근 코칭이 확산되면서 그룹코칭에 대한 관심도 증가하고 있다. 단체교육은 조직의 한 방향 정렬을 위한 교육이고, 일 대 일 코칭이 개인별 맞춤형 역량 개발 방법론이라면, 그룹코칭은 이 둘의 장점을 결합한 것이라 할 수 있다. 평균 8명 이내의 그룹으로 코치와 함께 진행되는 그룹코칭은 그룹 구성원 각자가 추구하는 개발 목표를 함께 달성해가는 통합적 과정이다.

그룹코칭은 동료들과의 공감 형성, 상호 협력과 학습, 조직 문화의 한 방향 정렬 같은 그룹 수준의 장점이 있다. 또한 공통된 이슈를 가지고 각자의 코칭 목표를 세우고, 그 목표를 달성하기 위해 서로의 지식과 경험을 나누면서 시너지 효과를 가져올 수 있고, 비용도 저렴한 편이다.

1) 그룹코칭의 이해

그룹코칭에 관한 다양한 정의들을 살펴보면[14)],

"그룹코칭은 조직의 목표 또는 개인적인 목표를 달성하기 위해 합류한 사람들의 에너지, 경험, 지혜를 극대화하고자 하는 의도를 가지고, 전문 코치가 촉진적으로 이끄는 그룹 프로세서다."- 진저 코커햄(Ginger Cockerham)

"그룹코칭은 개인의 발전, 목표, 성취, 자기 인식 확장을 목적으로, 특정 주제를 가지거나 주제 없이 코칭의 원리를 적용하는 소규모 그룹 프로세스다." - 제니프 브리튼(Jennifer Britton)

"그룹코칭은 다수의 사람들이 공통의 주제 안에서 개인의 코칭 목표를 세우고, 이의 달성을 위해 상호 학습을 증진시키는 형태의 코칭이다."- 크리스티나 롤로(Cristina Rolo)와 두리엘 굴드(Duriel Gould)

---

13) 그룹코칭 부분은 고현숙 외(2013) 주요 부분을 참고하여 정리하였음.

14) 구자호(2015), p. 18.

그룹을 좀더 자세히 구분하면 팀과 그룹으로 구분될 수 있다. 팀은 함께 일하는 단위 조직으로, 공통의 목표를 달성하기 위해 팀장과 팀원이 한 집단이 되며 수직 관계가 존재한다. 그룹은 독립적인 개인들이 모인 수평적 관계로, 팀보다 느슨한 관계를 갖고 있다. 실제 코칭에서는 팀 코칭과 그룹 코칭을 구분하지만, 여기서는 그룹코칭을 중심으로 설명하고자 한다.

2) 그룹코칭의 장점

- 조직의 목표를 달성하는 데 유용하다.

워크숍이나 일회성 강연보다, 몇 달 동안 정해진 주제를 중심으로 생각과 고민을 나누다 보면 일체감이 형성되고, 자발적인 변화를 이끌어내 수 있다.

- 참가자 간 상호 학습이 일어난다.

서로 다른 경험, 배경, 기술 등을 가진 사람들이 모여, 비슷한 고민과 해결 경험을 나누는 과정은 살아 있는 지식을 얻는 과정이다.

- 조직 내 커뮤니케이션과 상호 협력이 원활해진다.

그룹코칭을 통해 서로의 고충을 이해하고, 갈등을 조정하고, 회사의 목표를 위해 상호 협력하는 분위기를 만들 수 있다.

- 비용 면에서 효과적이다.

일 대 일 코칭보다 비용 효과적이지만, 일 대 일 코칭의 이점을 살리기 위해 프로세스 중간에 일 대 일 코칭을 몇 회 진행하는 것이 바람직하다.

- 참가자들이 목표 달성에 보다 적극적으로 임한다.

참가자 모두에게 약속을 하기 때문에 지켜야 한다는 책임감이 커진다.

- 코칭, 퍼실러테이팅 등 핵심적 리더십 스킬을 기를 수 있다.

코치가 그룹 토의, 사례발표, 문제 해결, 브레인스토밍, 피드백, 액션러닝, 연상기법, 성찰 등 다양한 퍼실리테이팅(facilitating) 스킬을 사용하게 되는데, 각 참가자들이 돌아가면서 이러한 퍼실러테이터 역할을 하게 되는 경우 이러한 스킬들을 습득할 수 있게 된다.

3) 그룹코칭 주의할 점

- 적합한 환경을 조성한다.

참가자들이 편안한 마음을 가질 수 있는 장소, 온도, 소음, 조명 등을 신중히 선택해야 한다.

- 참가자들의 성향과 니즈를 파악하여 그에 맞는 것을 제공한다.

주목을 받고 싶어 하거나, 정보를 많이 원하거나, 권위 욕구가 강한 사람 등 개개인의 성향 파악이 필요하다.

- 첫 세션에서 모두가 지켜야 할 그라운드 룰(ground rule)을 정한다.

첫 세션에서 참가자들이 자율적으로 규칙을 정하게 하고 약속하게 한다.

- 참가자들의 불만, 갈등과 대립은 즉시 해결한다.

참가자의 각자 역할 모호, 개인 니즈 충족 불만, 불안정한 참가자 자극, 코치 진행 불만 등이 관찰되면, 코치는 관찰한 것과 그 의미에 대해 참가자들과 공유하거나, 따로 만나 의견을 교환한다.

- 소극적인 참가자에게 주의를 기울인다.

마지못해 참가한 사람, 여러 사람 앞에서 자신의 생각을 표현하는 것이 어려운 사람 등 개개인을 살펴서 대응해야 한다. 별도 세션이나 대화도 가능하다.

- 정해진 코칭 시간을 엄격히 준수한다.

그룹코칭에 참여하는 사람들은 대개 바쁘므로, 아주 예외적인 경우를 제외하고는 정시에 시작하고 정시에 마치는 것이 좋다.

- 성인교육의 특성에 맞추어 코칭을 진행한다.

참가자들의 경험과 지식을 활용하고, 교제 시간을 가지고, 자발적 학습을 유도하고, 코칭의 주도권을 참가자들이 갖도록 해야 한다.

- 참가자들의 피드백을 세션에 적극 반영한다.

그룹으로 진행되므로 코치가 개별적으로 피드백을 구해 코칭에 반영하고 개선해야 한다.

4) 그룹코칭의 설계와 프로세스

그룹코칭의 일반적인 설계는 다음과 같다.

- 규모: 5~8명이 적당, 최소 3명~최대 15명 이내
- 시간: 세션 당 2시간 정도,
- 횟수: 6차~12차
- 빈도: 2주 간격이 일반적이나, 상황에 따라 매주 혹은 매월 가능
- 구조화 정도: 비구조화(세션마다 자유롭게 주제와 코칭 이슈 선정), 반구조화(세션의 주제는 미리 정하고, 코칭 이슈는 즉석에서 선정), 구조화(사전에 주제와 코칭 이슈 제공)

그룹코칭 프로세스는 크게 사전 단계, 코칭 진행 단계, 사후 단계의 3부분으로 나눌 수 있다. 사전 단계는 참가자들에게 동기를 부여하고 기대감을 형성하는 단계로, 코칭에 대한 안내, 오리엔테이션, 진단 등의 활동이 있으며, 이를 통해 이해관계자의 공감대와 지원을 이끌어내고, 코칭 과정에 대한 이해를 향상시킨다.

코칭 진행 단계는 학습과 실행, 성찰, 변화가 일어나는 단계로, 코칭 목표와 실천 과제들이 수립되고, 그에 따른 실행, 결과 공유, 피드백 등이 따른다.

코칭 세션을 종료한 후에는 코칭의 효과성과 만족도를 측정하고 지속적으로 실천하기 위한 팔로우업(follow-up) 과정을 거친다.[15)]

그룹코칭 세션의 표준 진행 순서는, 아이스 브레이킹(ice-braking) → 지난 세션 리뷰 → 실행 결과 공유 및 의견 나누기 → 세션 주제에 대한 코칭 → 배운 내용 정리 및 실행사항 합의 → 성찰 및 마무리 → 코칭 세션 간 상호작용의 순으로 진행된다.

그룹코칭의 전반적인 프로세스를 정리하면 아래와 같다.

〈표 4-2〉 그룹 코칭 프로세스 표준안[16)]

사전 단계(협의 후)	코칭 진행 단계 (10회 기준)	사후 단계(협의 후)
코칭 사전 준비 -코칭 시작 알림과 조직 내 공유 -대상자 그룹화 -대상자 진단 및 인터뷰 -그룹별 코치 매칭 -코칭 안내와 사전 과제 제시 -상사의 후원 환경 조성	**시작 세션(1~2회차)** -라포 형성, 아이스 브레이킹 -리뷰와 학습 -코칭 목표 설정 **심화 세션(3~9회차)** -실행계획 수립 -실행 공유와 상호 피드백 **마무리 세션(10회차)** -실행 결과 점검, 피드백 -마무리	**효과성 평가** -만족도/유용성 평가 -성과/개선점 등 **팔로업** -추가 코칭 -자료 제공 등

15) 구자호(2015), p. 40
16) 2013 대한민국코치대회, '그룹코칭의 성공 요소', 코칭경영원

〈성찰과 실습 공간〉

◘ (그룹코칭 실습)
- 5~7명으로 그룹을 지어 그룹코칭 실습하기

6. 셀프 코칭

코칭은 고객과 코치가 대면 혹은 비대면으로 대화를 진행한다. 코치는 코칭의 전문가이며 모든 스킬을 동원하여 고객이 앞으로 나아가도록 지원한다.

그러나 모든 사람이 언제나 코칭을 받을 순 없다. 시간과 재정적 측면의 어려움이 있기 때문이다. 그렇지만 코칭의 철학과 스킬을 배우고 나면 누구든 자기 자신을 코칭할 수 있다. 많은 사람들이 항상 코칭적 성찰을 통해 자신의 문제를 스스로 해결하고 성장해 나갈 수 있다. 아래 단계에서 제시된 과정을 밟아나가며 실제로 자신의 삶 속에 적용시켜 보자.[17)]

1단계: 나만의, 나만에 의한, 나만을 위한 공간을 만들어라.

코칭에서 공간(space)은 매우 중요한 개념이다. 코치는 충분한 공간을 만들어 고객이 편안하게 얘기하고, 머무를 수 있어야 한다. 이 공간은 고객과 코치가 공명하는 공간이다.

셀프 코칭에서도 이 공간이 필요한데, 내가 일상에서 벗어나 안전하게 머무르고, 나를 성찰할 수 있어야 한다. 물리적으로도 일상적 생활공간을 벗어나 혼자만 머무를 수 있는 공간이 필요하다. 정신적으로도 타인과의 일상적 관계에서 벗어나 고요히 눈을 감고 자신의 내면을 볼 수 있는 시간이어야 한다.

17) 이언 맥드모트, 웬디 제이고(2007), pp. 289-295.

2단계: 타인의 시선으로 스스로를 돌아보라.

코칭에서 코치는 고객의 의식을 확장시켜 주고, 전환이 일어나도록 지원한다. 셀프 코칭에서는 스스로 자신의 의식을 확장시켜야 하는데 이것은 타인의 시선을 가져옴으로써 가능하다.

우리는 매일 반복되는 일상 속에서 자신의 사고에 갇혀 있고 습관적으로 행동을 반복한다. 우리가 풀리지 않는 어떤 문제에 봉착했을 때 그 당시의 사고방식으로는 그 문제를 풀지 못한다. 그 당시의 사고에서 벗어나 관점을 바꾸어야 한다.

이 관점을 바꾸는 방법으로 타인의 시선을 빌려오는 것이다. 상대방, 내가 존경하는 사람, 이 문제와 관련된 이해당사자 등의 시선에서 이 문제를 바라보면, 나의 시선으로 볼 때는 보이지 않는 측면들이 보일 수 있다.

이렇게 타인의 시선으로 자신을 돌아볼 때 우리의 사고는 확장되고, 다른 측면을 볼 수 있게 되며, 다른 방안을 탐색할 수 있게 된다.

3단계: 좀더 멀리 떨어진 곳에서 스스로를 바라보라.

매일 매일 반복되는 삶을 살고 있고, 매일 수많은 정보를 접하고, 매일 크고 작은 문제들에 신경을 쓰다 보면, 나름대로의 정보를 걸러내고, 자신의 바람과 가치관의 안경으로 문제를 판단할 수 있다. 이 때 우리는 문제에서 한 발자국 물러나서 전체를 볼 필요가 있다.

이를 코칭에서는 '헬리콥터 시선'이라고도 한다. 헬리콥터를 타고 저 상공 위에서 나와 내가 처한 상황을 내려다보는 것이다. 높은 곳에서 전체를 내려다보면, 부분에 치우치지 않고 균형있는 통합적 시선을 유지할 수 있다.

더 멀리 떨어진 곳은 물리적 공간뿐만 아니라 시간적 공간에도 적용된다. 내가 지금 안고 있는 문제와 그 문제를 고민하고 있는 나에 대해, 5년 후, 10년 후, 혹은 20년 후의 성공한 내가 바라보는 것이다. 어쩌면 지금의 이 골치 아픈 고민이, 10년 후의 성장된 내가 보면 별 문제가 아닌 것으로 보일 수도 있다. 사춘기에 가졌던 많은 고민들이 어른이 된 후에 보면 별 문제가 아니거나, 다르게 대처할 수 있음을 느끼는 것과 비슷하다.

4단계: 새로운 행동으로 이끌어줄 질문을 던져라.

타인의 시선으로도 보고, 멀리 떨어진 곳에서 나와 나의 상황을 보면, 지금껏 갇혀 있던 사고와 다른 다양한 관점이 나타날 것이다. 이 다양한 관점으로 나와 나의 상황을 보면서, 나의 내면에서 깊은 성찰이 이루어질 있는 질문을 던져야 한다. 넉넉한 공간을 확보하고, 폭 넓은 탐구를 통해 인식의 전환이 이루어져야 한다. 아이들의 놀이처럼 가볍고 즐거운 마음으로, 특정한 논리나 규칙에 얽매이지 않고, 여러 길을 기꺼이 탐구하고, 학습하고, 느끼고, 의미를 찾아야 한다. 변화와 성장이 때로는 두려울 수도 있지만, 개방되고 유연한 마음으로 수용하고 즐기면서 탐구가 이루어져야 한다.

- 이런 관점에서 나를 보면 무엇이 달라지는가?
- 어떤 변화가 나에게 지금 필요한가?
- 이전의 행동에 비해 달라지는 변화는 어떤 의미가 있는가?
- 나다움을 유지하면서 내 행동을 어떻게 바꿀 수 있는가?
- 내가 궁극적으로 얻고자 하는 것은 무엇인가?
- 내가 궁극적인 목적을 위해 지금 포기할 수 있는 것은 무엇인가?
- 나는 무엇을 가장 두려워하는가?
- 나의 리소스는 무엇이며, 이를 어떻게 활용할 수 있는가?

5단계: 깨달음을 어떻게 실천으로 옮길지 글로 적어보라.

코칭은 막연한 담론이 아니라 구체적 성과를 내는 시스템이다. 4단계에서 얻은 깨달음이 실제 행동으로 옮겨지지 않는다면, 셀프 코칭에서 달라지는 것은 없을 것이다. 타인의 시선과 멀리 떨어진 시선을 통해 다양한 관점을 접하고, 내면의 성찰을 통해 얻은 깨달음은 구체적인 행위로 연결되어, 실제적인 내 삶의 변화를 가져와야 셀프 코칭이 의미가 있는 것이다.

- 내가 학습한 것을 통해 무엇을 달리 해 볼 것인가?
- 지금 당장 시작할 수 있는 것은 무엇인가?
- 변화를 어떻게 측정할 수 있는가?
- 변화를 위해 필요한 자원은 무엇이며 어디서 구하는가?
- 변화를 가로막는 장애물은 무엇이며 어떻게 제거할 것인가?
- 무엇을 해야 할지를 잘 알면서도, 행하지 못하는 이유는 무엇인가?

〈성찰과 실습 공간〉

◘ (셀프코칭 실습)
- 자신이 주제를 정하고 셀프코칭하고 기록해 보기

Ⅱ

코칭의 활용

5
chapter

코칭 준비하기

1. 코칭의 전체 흐름 이해

코칭은 크게 코칭 세션을 준비하기 위한 합의 부분인 프리세션, 실제 진행되는 코칭세션, 마무리의 3단계로 이루어진다.

먼저 프리세션에서는 코칭을 준비하는 부분이다. 고객을 파악하고, 코치를 선정하며, 계약을 하고, 각종 예비 진단을 실시한다. 필요한 자료를 요청하며, 필요 시 사전 인터뷰도 진행하고, 오리엔테이션 콜도 시행한다. 본격적인 코칭에 앞서 모든 준비를 하는 단계이다.

코칭세션은 대개 10회 전후로 이루어지며, 계약에 의해 결정된다. 목표 설정 단계, 목표별 코칭 단계, 마무리 단계로 나눌 수 있다. 1~2회차 세션에는 고객과 관계를 형성하는 단계로, 고객이 가지는 방어의 벽을 허물어야 한다. 고객 개인에 대한 충분한 정보와 이해를 가져야 하며, 고객을 인정하고, 신뢰를 얻어야 한다. 코칭의 주제를 설정해야 하는데, 고객의 내면에 숨어 있는 진정한 주제를 찾기 위해서는 넓고도 깊은 탐색과 여행을 해야 한다. 진정한 주제를 찾기 전에는 코칭을 서둘러 진행하지 않는 것이 좋다. 간혹 본인이 원치 않고 회사의 요청에 의해 코칭이 이루어지는 기업의 임원일 경우, 임원고객이 진정성을 쉽게 드러내지 않을 수 있다. 고객에 대한 진단이나 다면 평가를 가지고 고객과 대화하며, 성장이 필요한 부분에 대해 고객의 동의가 있어야 한다. 왜냐하면 고객이 진정으로 원하지 않는 주제에는 고객이 변화의 노력을 자발적으로 하지 않을 것이기 때문이다.

코칭 세션의 마지막 세션은 그 동안의 코칭에 대한 마무리 단계이다. 코칭 목표 달성 여부를 평가하고, 고객의 성찰과 코치의 평가가 이루어지며, 코칭이 종료된 이후의 계획에 대해 논의한다.

포스트 세션은 코칭이 모두 종료된 후 진행되는데, 사후평가를 실시하고 코칭 전과 후의 평가를 비교해 코칭의 성공을 평가하며, 최종보고서를 작성한다. 필요에 따라 고객과 추가적인 확인이나 대화가 있을 수 있다.

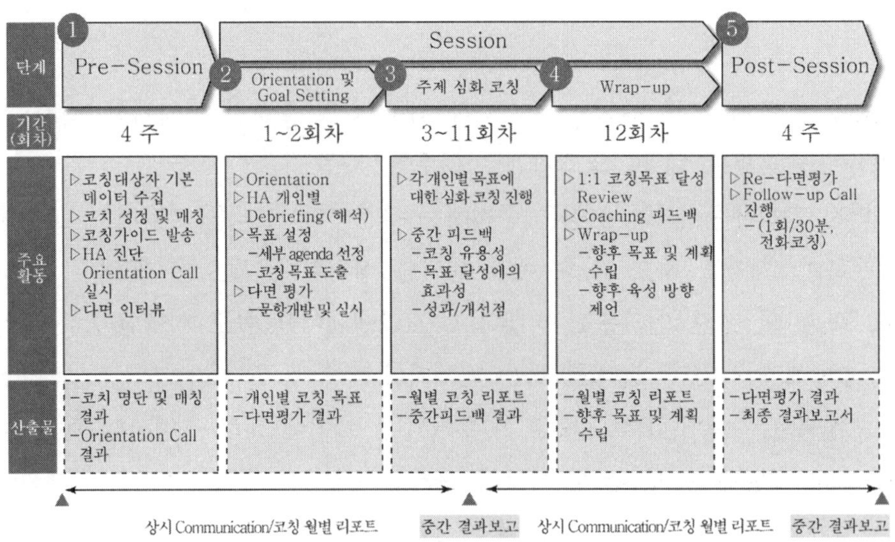

〈그림 5-1〉 코칭의 전체 흐름도(한국리더십센터)

로버트 딜츠(2009)가 『긍정 코칭』에서 제시하는 코칭의 프로세스는 아래 그림과 같다. 코칭의 전체적인 프로세스는 대개 유사한 절차를 따르므로 참고만 하면 된다.

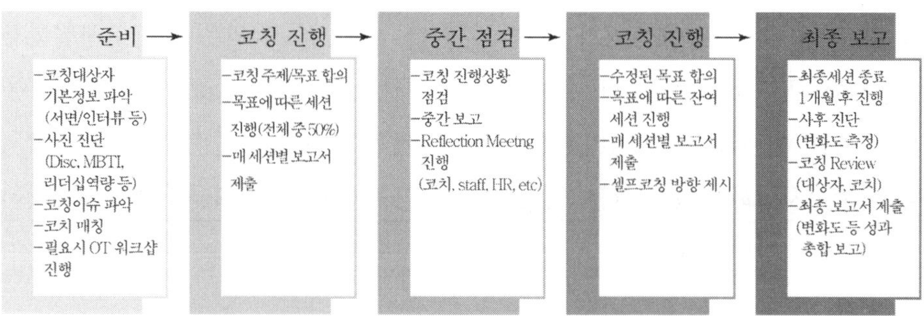

〈그림 5-2〉 코칭의 프로세스

2. 코치 자격증

개인적인 친분이 있는 사람끼리 코칭적 접근법을 사용하는 것은 상관없지만, 인간 성장의 전문가로서 당당하게 활동하고 홍보하려면, 자격을 갖춘 공인된 코치임을 인증받아야 한다.

국제코치연맹(ICF: International Coach Federation)에서는 3단계의 코치 자격을 두고 있다.

〈표 5-1〉 국제코치연맹(ICF)의 코치 자격 분류

	ACC Associate Certified Coach	PCC Professional Certified Coach	MCC Master Certified Coach
교육시간	60	125	200
코칭시간	100	500	2,500

한국코치협회(KCA: Korea Coach Association) 코치인증은[18] KAC(Korea

18) http://www.kcoach.or.kr/03certi/certi0101.html

Associate Coach), KPC(Korea Professional), KSC(Korea Supervisor Coach) 3종류가 있다. 인증시험에 지원하는 방식은 크게 ACPK 지원방식과 포트폴리오 지원방식 2가지로 구분된다. ACPK 지원은 한국코치협회가 인증하는 프로그램(Accredited Coaching Program in Korea)의 수료자들이 지원할 수 있는 방법이며, 포트폴리오 지원은 ACPK를 수료하지 않았으나 한국코치협회가 요구하는 역량과 윤리수준을 갖춘 코치들이 별도로 지원할 수 있는 방법이다.

한국코치협회인증코치인 KAC의 실기전형 심사항목 및 평가역량 요건과 인증시험 자격요건을 살펴보면 다음과 같다.[19]

♦ KAC 실기전형 심사항목 및 평가역량 요건

1. 라포형성

다소 형식적이기는 하나 상황이나 분위기에 맞는 내용으로 관계형성을 위해 대화를 시작한다.

2. 주제합의 및 코칭목표 명확화

코칭 주제를 합의하고, 코칭 목표를 도출하는 과정을 통해서 보다 구체적인 목표를 세운다.

3. 에너지 및 동기부여(의미, 가치, 비전 등)

주제 또는 목표에 대한 의미나 가치를 점검하는 질문을 통해 고객의 가치, 비전, 정체성 등이 좀더 명확해지고, 코칭 주제와 연결해 변화를 위한 에너지가 높아진다.

19) 2017.6.20., 한국코치협회(http://kcoach.or.kr/03certi/certi0101__4__1.html)

4. 현실점검 및 대안탐색

현재 상태를 점검하고, 관점 전환 등의 질문과 다양한 방법으로 새로운 자원을 탐색하게 한다.

5. 실행계획 수립 및 확인과정

고객이 도출한 대안이 실행계획에 구체적으로 반영되었고, 확인과정이 있어 고객의 실행을 코치가 확인할 수 있다.

6. 주제와 실행계획의 일관성

주제로 다룬 내용과 실행계획 간의 연관성을 갖고 있으며, 구체적으로 반영되어 있다.

7. 전체 세션운영의 유연성(자연스러움, 자신감)

세션 운영과정에서 코치의 긴장감이나 부담감이 느껴지지 않고, 자연스럽고 자신감 있게 진행되고 있다.

8. 코치와 고객으로서의 태도

코치와 고객으로서의 태도가 적절하다.

9. 고객에 대한 배려

고객이 편하게 코칭에 임할 수 있도록, 코칭 전에 상태를 확인하고 조치를 취하며, 코칭 중간에라도 고객의 긴장감 또는 불편함 등이 느껴질 때 확인하고 편안하게 코칭에 임할 수 있도록 한다.

10. 기타(비밀보장/코칭관계 합의)

코칭대화에 대해 고객과 합의하고 비밀보장에 대한 내용을 언급한다.

11. 고객의 감정과 상태에 대하여 공감표현을 잘한다.

고객의 표현을 활용하여 공감을 표현하며, 고객의 감정을 적극적이고 정확하게 읽어준다.

12. 인정과 축하를 잘한다.

필요한 상황에서 인정과 축하를 적절히 하며, 고객의 긍정 에너지가 점차적으로 올라간다.

13. 경청을 잘한다.

고객이 자주 그리고 의미있게 말한 키워드를 활용하여 질문하며, 코치의 직관을 통해 고객의 감정과 의도를 읽고 말한다.

14. 침묵, space를 적절히 활용한다.

고객과 코치 간의 대화에서 급박함이 느껴지지 않고, 질문 후 고객이 바로 답변을 하지 않더라도 충분히 기다려 준다.

15. 부정적인 언어를 사용하지 않는다.

부정적인 표현이 20% 미만이며, 형식적인 측면에서 부정적인 표현이 나타나지 않는다.

16. 열린 질문(개방형 질문)을 한다.

전반적으로 열린 질문(80% 이상)을 하며, 확인과정을 제외하고, 형식적인 닫힌 질문을 하지 않는다.

17. 유도질문, 조언, 평가, 판단 등을 하지 않는다.

형식적인 면에서 유도질문, 조언, 평가, 판단의 일반대화 패턴에서 벗어난 코칭대화이며, 중립적인 표현을 한다.

18. 간결하고 명확한 질문을 한다.

전반적으로 질문을 간결하게 하며, 명료하고 구체적이어서 고객이 쉽게 이해한다.

19. 고객이 말하고자 하는 것의 핵심을 이해한다.

고객이 말하고자 하는 것의 핵심을 코치가 말(키워드, 요약 등)로 표현하며, 핵심과 관련된 질문을 한다.

20. 코칭진행 시간엄수(10~15분)

주어진 시간 내(10분~15분)에 코칭대화를 마무리한다.

〈표 5-2〉 KAC(Korea Associate Coach) 인증시험 자격 요건

	ACPK 지원	포트폴리오 지원
서약서	코치윤리강령 준수 서약서 교육 준수 서약서	코치윤리강령 준수 서약서 교육 준수 서약서
지원서	별도 양식	별도 양식
교육	20시간 이상	20시간 이상
코칭실습	50시간(무료+유료+코치더코치) 별도의 실습 리스트 제출	50시간(무료+유료+코치더코치) 별도의 실습 리스트 제출
고객 추천서	2통	2통
코치 추천서	KAC 이상의 인증코치 추천서 2통 (실제 코칭을 관찰 후)	KAC 이상의 인증코치 추천서 2통 (실제 코칭을 관찰 후)
필기시험	실시	실시
실기시험	실시	실시
코칭 테이프 제출	없음	30분 분량의 코칭시연 음성파일 1개 이메일 제출
심사비	20만원(협회의무가입, 협회 회원비 별도)	35만원(협회의무가입, 협회 회원비 별도)
기간	3년 (연장가능)	3년 (연장가능)
인증 후 보수교육사항	KAC 자격 취득 후 30시간(3년) 이상 보수교육 참가 (협회월례세미나, 코치대회, 자격유지보수교육, 비즈니스코칭워크숍, ACPK인증프로그램 이수) * ACPK인증프로그램의 이수는 코칭인증 교육시간과 중복으로 인정되지 않음	

한국코치협회프로코치(KPC)의 실기전형 심사항목 및 평가역량 요건과 인증시험 자격요건을 살펴보면 다음과 같다.

♦ KPC 실기전형 심사항목 및 평가역량 요건

1. 응시태도, 응시환경조성 등 응시자의 기본자세

지각 등을 포함한 응시환경조성 및 지원자의 응시 태도 등을 고려한다.

2. 고객과 라포를 형성하고 유지한다.

고객과의 라포형성을 위한 대화가 세션의 초반에서부터 시작되었고, 공감표현을 통해 라포를 강화하였으며, 고객이 편안함과 신뢰감을 느껴 마음이 열린다.

3. 코칭관계의 합의와 비밀보장을 통해 효과적으로 코칭기초를 세운다.

고객과 합의하여 코칭대화를 시작하며, 비밀보장에 대한 내용을 언급한다.

4. 인정과 축하를 효과적으로 활용한다.

필요한 상황에서 인정과 축하를 적절히 하여, 고객의 긍정 에너지가 점차적으로 올라간다.

5. 고객이 제시한 주제를 검토, 재확인하고, 합의한다.

코칭주제와 코칭세션의 목표를 고객과 분명하게 합의하고, 세션의 방향을 일관되게 진행한다.

6. 고객에게 집중하고, 유연하며, 자신감 있는 태도를 유지한다.

코칭대화가 자연스럽고, 자신감이 있으며, 속도, 힘, 밸런스를 잘 유지한다.

7. 대화에서 감지한 내용(코치의 관점과 피드백, 직관 등)을 개방적으로 다룬다.

대화와 반응에서 알게 된 코치의 관점과 피드백을 고객과 공유하며, 고객의 분위기, 말과 어조에서 드러난 불일치를 알아차리고 그것을 고객과 나눈다.

8. 고객이 한 말에서 핵심키워드를 찾아서 활용한다.

고객의 말에서 핵심단어를 찾아내고, 핵심 단어를 중심으로 더 깊이 있는 대화를 이끌어낸다.

9. 고객이 말하고자 하는 것은 물론 말로 표현되지 않은 행간도 경청하고 반영한다.

사실과 행간의 내용을 이해하고 반영하여 코칭 대화를 이끌어 가며, 드러내지 않은 것(욕구, 의도, 감정, 비전, 가치, 동기, 에너지 수준 등)도 다루며 코칭대화를 이끌어 간다.

10. 질문을 효과적으로 한다.

질문이 간결하고 코칭주제와 실질적인 연관이 있으며, 효과적인 질문으로 코칭대화를 확장하고 심층적으로 전개한다.

11. 고객의 눈높이에 맞는 간결하고 명료한 언어를 사용한다.

목소리 톤, 억양, 발음 등이 간결하고 명료하며, 고객의 눈높이와 스타일을 감안하여 코칭대화를 이끌어간다.

12. 판단이나 집착 없는(중립적) 언어를 사용한다.

고객의 생각과 의도를 판단하지 않는 적절한 중립언어를 사용하며, 전달과정에서도 고객의 저항감이 없다.

13. 고객이 새로운 관점이나 통찰을 갖도록 한다.

코칭 대화를 통해 관점이나 생각이 정리되고, 새로운 관점과 의식확장이 일어나고 통찰이 깊어진다.

14. 코칭주제와 관련해 고객의 존재(being)를 다룬다.

코칭주제와 관련된 고객의 내면을 적절히 다루어, 고객의 가치, 비전, 정체성 등이 좀더 명확해지고, 코칭주제와 연결해 변화를 위한 에너지가 높아진다.

15. 부정적인 언어를 사용하지 않는다.

부정적인 표현이 20% 미만이며, 형식적인 측면에서 부정적인 표현이 나타나지 않는다.

16. 열린 질문(개방형 질문)을 한다.

전반적으로 열린 질문(80% 이상)을 하며, 확인과정을 제외하고, 형식적인 닫힌 질문을 하지 않는다.

17. 실행과 진척 상황에 대한 상호 책임 관리를 약속한다.

고객주도로 실행계획이 작성되고, 고객환경 안에서 점검 구조를 만들고, 코치는 확인을 돕는다.

18. 코칭시간을 효과적으로 활용한다.

코칭대화를 주어진 시간 내(15분~20분)에 마무리한다.

19. 코칭프로세스를 프로페셔널하게 활용한다.

형식적 및 내용적인 측면에서 코칭프로세스를 잘 활용한다.

20. 전체적인 느낌과 분위기를 고려한 종합적 요소 반영

코치로서의 자세, 고객 역할 시의 자세 등을 고려한 제반사항을 평가한다.

〈표 5-3〉 KPC(Korea Professional Coach) 인증시험 자격 요건

	ACPK 지원	포트폴리오 지원
서약서	코치윤리강령 준수 서약서 교육 준수 서약서	코치윤리강령 준수 서약서 교육 준수 서약서
지원서	별도 양식	별도 양식
교육	60시간 이상 (기초프로그램 20시간 이상 필수 +심화프로그램 20시간 이상 필수 +역량프로그램은 선택)	60시간 이상
코칭실습	200시간(무료 + 유료40시간 이상 필수+코치더코치 받은 시간)	200시간(무료 + 유료40시간 이상 필수+코치더코치 받은 시간)
1:1코치더코치 받기	KAC자격 취득 후 KPC 이상의 인증코치로부터 5시간 필수	KAC자격 취득 후 KPC 이상의 인증코치로부터 8 시간 필수
고객 추천서	2통	2통
코치 추천서	KPC이상의 인증코치 추천서 2통 (실제 코칭을 관찰 후)	KPC이상의 인증코치 추천서 2통 (실제 코칭을 관찰 후)
필기시험	실시	실시
멘토 코칭 받기	최소 2개월 이상의 기간 동안 5시간 이상 KPC이상의 인증코치로부터 코칭 받음	최소 3개월 이상의 기간 동안 10시간 이상 KPC이상의 인증코치로부터 코칭 받음
실기시험	실시	실시
코칭 테이프	면제	30분 분량의 코칭시연 음성파일 1개 이메일 제출
심사비	30만원(협회의무가입, 협회 회원비 별도)	45만원(협회의무가입, 협회 회원비 별도)
기간	5년(연장 가능)	5년(연장 가능)
인증 후 보수교육 사항	KPC 자격 취득 후 50시간(5년) 이상 보수교육 참가 (협회월례세미나, 코치대회, 자격유지보수교육, 비즈니스코칭워크숍, ACPK인증프로그램 이수) * ACPK인증프로그램의 이수는 코칭인증 교육시간과 중복으로 인정되지 않음	
지원자격	KPC지원은 KAC 인증 취득 후 6개월 이상 경과해야 가능 (KAC합격자발표일을 기준으로 6개월 경과 후 KPC서류전형 지원 가능)	

한국코치협회슈퍼바이저코치(KSC)의 실기전형 심사항목 및 평가역량 요건과 인증시험 자격요건을 살펴보면 다음과 같다.

◆ KSC 실기전형 심사항목 및 평가역량 요건

1. 고객과 신뢰와 친분 쌓기
- 라포형성
- 인정/칭찬하기
- 공감

2. 주제 명확화하기
- 고객의 want를 찾아 실제 이슈 발견
- 고객이 주제를 정리 및 확인하도록 한다.
- 한 가지 주제로 구체화하기

3. 코치다운 태도
- 배려와 존중의 자세
- 긍정적 의도 찾기
- Egoless
- 협력적 파트너십 발휘
- 고객을 온전히 인정하기

4. 경청
- 80:20
- Space 두기
- 끼어들지 않기
- 공감적 경청
- 말하지 않은 내면의 소리 듣기

5. 질문
- 유도질문 하지 않기

- 가치중립적 질문
- 열린 질문
- 호기심 질문
- Being 질문
- 맥락적 질문
- 목표로 나아가도록 하는 질문

6. 효율적인 코칭언어
- 고객의 수준에 맞는 언어
- 중립적 언어
- 간단하고 정돈된 언어
- 명료한 전달

7. 코치로서의 인식과 통찰
- 고객의 관점 변화 이루기
- 고객의 자기성찰에 영향을 주었는가?
- 직관 사용
- 본질적인 이슈 다루기
- 고객의 패턴 알아차리기

8. 액션플랜
- 핵심적 실천항목의 명확한 선정
- SMART
- Controlable
- 장애요소 제거
- 고객의 주도적 Wrap-up 의지 확인

9. 코칭프로세스 운영 능력
- 30~40분간 대화 모델을 매끄럽게 운영하는 능력
- 시간 배정 효율성
- 주제 유지

10. 추가 총평
- 코치로서의 기여도
- 코치로서의 그간 축적된 명성
- 코치로서의 전체적 특성/장점
- (역할)고객으로부터의 피드백 및 만족도

〈표 5-4〉 KSC(Korea Supervior Coach) 인증시험 자격 요건

	ACPK 지원	포트폴리오 지원
서약서	코치윤리강령 준수 서약서 교육 준수 서약서	코치윤리강령 준수 서약서 교육 준수 서약서
지원서	별도 양식	별도 양식
교육	150시간 이상 (심화 및 역량프로그램 130시간 이상 중 심화프로그램 20시간은 필수)	150시간 이상
코칭실습	800시간(무료+유료 500시간 이상 +코치더코치 받은 시간)	800시간(무료+유료 500시간 이상 +코치더코치 받은 시간)
1:1코치더코치 받기	KPC자격 취득 후 KSC 이상의 인증코치로부터 10시간 필수	KPC자격 취득 후 KSC 이상의 인증코치로부터 15시간 필수
코치 추천서	KSC의 추천서 2통 (실제 코칭을 관찰 후)	KSC의 추천서 2통 (실제 코칭을 관찰 후)
필기시험	에세이 제출	에세이 제출
멘토 코칭	최소 3개월 이상~1년 미만 기간 동안 10시간 이상 KSC로부터 코칭 받음	최소 5개월 이상~1년 미만 기간 동안 15시간 이상 KSC로부터 코칭 받음
실기시험	실시	실시
코칭 테이프	없음	30분 분량의 코칭 시연 음성파일 2개 이메일 제출 (2개의 음성녹음은 각각 고객

	ACPK 지원	포트폴리오 지원
		및 코칭내용이 달라야 한다.)
심사비	40만원(협회의무가입, 협회회원비 별도)	60만원(협회의무가입, 협회회원비 별도)
기간	5년(연장 가능)	5년(연장 가능)
인증 후 보수교육사항	인증 후 매년 협회월례세미나, 코치대회, 역량강화교육, ACPK인증프로그램 이수 50시간(5년) 이상 참가	
지원자격	KSC지원은 KPC 인증 취득 후 1년 이상 경과해야 가능하다. (KPC합격자발표일을 기준으로 6개월 경과 후 KSC서류전형 지원 가능)	

3. 코칭 시 유용한 참고 자료들

코칭은 고객과 코치간 대화가 핵심이지만, 이 과정에서 다양한 도구들이 활용될 수 있다. 심리학이나 교육학과 같은 인접 학문에서 가져온 모델들도 있고, 코칭회사들이 개발한 도구, 인터넷에서 무료로 제공되는 도구들, 코치가 직접 개발한 도구들도 있다. 코칭 분야와 고객의 상황, 코치의 선호에 따라 다양한 도구들이 이용되며, 이는 고객을 정확하게 진단하고, 고객의 내면을 끌어내고, 고객이 성장하도록 하는 보조 역할을 해준다.

여기서는 대표적인 몇몇 도구들의 소개만 언급하며, 자세한 도구의 활용법은 개인적인 필요에 의해 추가적으로 학습되어야 한다.

1) 개인 및 조직 진단 도구들

▶ 코칭계약서:

코치 혹은 회사마다 나름대로의 양식을 활용함. 코칭은 비즈니스이므로 계약서를 작성하는 것이 원칙임. 부록 참조.

▶ DISC: 쉽고 단순하여 많이 활용되는 개인 성격 검사 도구임. 그리스 의

학자인 히포크라테스의 4기질론을 근원으로, 로버트 롬(Robert A. Rohm) 박사에 의해 제시됨. 내향형과 외향형, 일중심과 사람중심의 2개 기준으로 주도형(D), 사교형(I), 안정형(S), 신중형(C)로 구분됨.

▶ MBTI(Myers Briggs Type Indicator): 가장 많이 알려진 개인 성격 진단 도구임. 융(Jung)의 심리유형론을 근거로 카타린 쿡 브릭스(Katharine Cook Briggs)에 의해 고안됨. MBTI는 외향성-내향성, 감각형-직관형, 사고형-감정형, 판단형-인식형의 4가지 척도에 의해 16가지 성격으로 구분됨.

2) 기타 도구들

▶ 삶의 수레바퀴

삶의 수레바퀴는 라이프 코칭에서 주제를 정할 때 매우 유용한 도구이다. 고객으로 하여금 현재의 삶에 균형을 점검해주는 도구이다. 고객이 개인의 비전을 만들고, 삶의 충만함을 느끼는 기준을 설정하고, 자신의 이상적인 삶과 현재의 삶이 얼마나 일치하는지를 알아보기 위해서 삶의 수레바퀴를 이용할 수 있다. 사용방법은 다음과 같다.

① 우선 그림처럼 원을 그리고 8개의 기준 선을 그린다. 8개의 각 선 위에 자신의 삶에서 가장 중요하게 생각하는 영역을 작성한다. 각 영역은 고객마다 같지 않을 수 있으며, 개인의 가치관에 따라 다르게 결정할 수 있다.

② 각 기준선에다 10점 척도를 표시하고, 고객의 현재 삶에서 각 영역이 몇 점인지 표시한 후, 각 점을 선으로 연결한다. 이 선이 둥근 원형일수록 균형 잡힌 삶을 의미한다.

③ 삶의 수레바퀴를 보며 아래와 같은 질문을 한다.

- 고객의 삶의 수레바퀴는 어떤 모양인가?
- 이러한 바퀴를 단 자동차라면 어떻게 굴러갈지 상상해보라.
- 연결된 현재의 수레바퀴는 고객의 삶에 대해 무엇을 말해주고 있는

가?

- 이것을 통해 무엇을 새롭게 알게 되었나? 무엇을 성찰했는가?
- 이 중에서 코칭을 통해 변화시키고자 하는 부분은 무엇인가?
- ~년 후 원하는 삶의 수레바퀴 모습은?
- 그렇게 개선하려면 무엇을 해야 하는가?

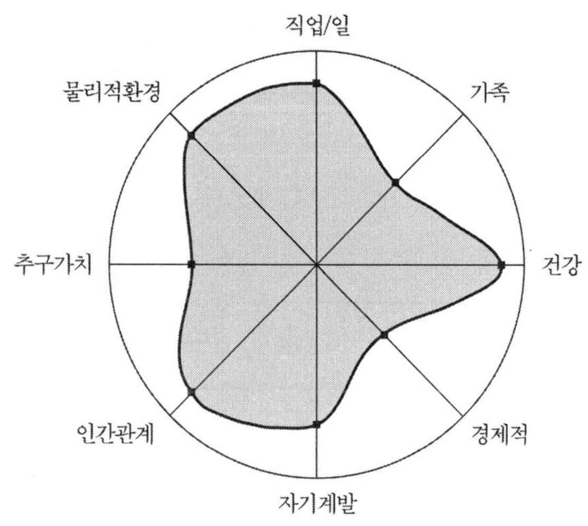

〈그림 5-3〉 삶의 수레바퀴

▶ 가치관 명료화 작업하기

우리가 살면서 자신의 가치관을 명확하게 인지하고 있는 사람도 있고, 그렇지 못한 사람도 있다. 우리들이 일상생활을 살아가면서 다양한 환경에서 반복적인 행동패턴이 있다. 그 행동 패턴에 숨어 있는 핵심 신념이 바로 가치관이다. 겉으로 드러나는 사람들의 행동 근저에 그 사람이 중요하게 생각하고 있는 가치관이 숨어 있다. 가치관은 삶에 있어서 목적의 우선순위라 할 수 있다.

코치는 고객이 어떤 가치관을 중요시하는지 알아야 하고, 그 가치관을 행동으로 옮길 수 있도록 지원해야 한다. 누구든지 자신의 가치관을 실현하고

자 하기 마련이다.

고객의 가치관을 찾기 위해서는 2가지 방법이 있다. 하나는 고객에게 직접 묻는 것이고, 다른 하나는 가치관의 핵심 단어들을 정리해 놓은 카드를 활용하는 것이다.

가치관을 찾기 위한 질문은 다음과 같다.

- 고객의 삶에서 가장 중요한 도덕적 판단 기준은 무엇인가?
- 무엇을 할 때 가장 행복한가? 무엇을 할 때 행복하지 않은가?
- 어떤 상황일 때 마음이 편한가? 혹은 불편한가?
- 왜 그런가?
- 죽는 순간에 자신의 인생을 돌아본다면, 어떤 말을 하고 싶은가?
- 묘비에 어떤 말을 남기고 싶은가?
- 죽은 후에 세상 사람들로부터 어떤 사람이었다고 기억되고 싶은가?

이처럼 고객에게 질문을 직접적으로 하고, 연결 질문을 통해 '왜'라는 질문을 계속 던져보면 고객의 가치관을 찾을 수 있다. 하지만 이러한 대화는 어렵고 매우 진지해야 한다. 고객이 자신의 가치관을 스스로 표현하는데 어려움이 있다면, 이미 정리해 놓은 가치관 단어 목록 중에서 고르게 하는 방법도 있다.

① 아래의 가치관 단어 중에서 자신에게 가장 중요하다고 생각되는 단어를 10~15개를 고르기

② 그 중에서 가장 중요한 가치 4~5개로 줄이고, 파트너와 대화하기, 가치관이 지켜지는 삶 그리기

〈표 5-5〉 가치관 키워드

정확성	가족의 행복	지시	성취	중점
참여	승인	추진력	협력	출세
자유	평화	모험	자유로운 의식	수행
미적 정서/미학	자유시간	개인적인 힘	호의	우정
기쁨	성실	성공	힘	자율
조화	꼼꼼함	아름다움	건강	생산성
돌봄	다른 사람에게 도움	인정	도전	사회에 도움
책임지기	변화	정직	낭만	협동
유머	표현력	커뮤니티	독립심	서비스
경쟁	청렴	숭고	동료관계	지적 상태
안정	연결	즐거움	성공	공헌
지식	시간적 여유	창의성	겉치레하지 않기	전통
솔직함	지도력	신용	경제적 안정	여가 선용
활기	우아함	온화함	부	권력
위치	지혜	뛰어남	존엄	활기/생기
흥분	교육	기타		

출처: 제프리 아워바흐(2005, p. 274)

6
chapter

라이프 코칭 실습

◆ 삶의 수레바퀴 이용하기

- 앞 장 설명 참조

◆ 가치관 카드를 활용하여 명료화하기

- 앞 장 설명 참조

◆ 감정을 완전히 태우고 의식 전환하기

코칭을 하려는데 만약 고객이 분노, 슬픔, 우울 등 어떤 격한 감정에 싸여 있을 경우 코칭 진행이 어렵다. 고객이 감정에 휩싸여 힘들어하고 있는데, "오늘 코칭 주제는 어떤 것으로 할까요?"라며 코칭을 시작하는 것은 고객의 감정과 상황을 전혀 고려하지 않은 것이고, 이러한 코칭은 제대로 진행될 리 없다.

이럴 경우 코치는 코칭을 진행하기 전에 우선 고객을 감정의 늪으로부터 빠져 나오도록 해야 한다. 이 감정의 늪에서 고객이 헤어 나오기 전에는 코칭을 진행하지 말아야 한다.

고객이 감정의 늪에서 빠져 나오게 하는 것은 한마디로 말해 감정을 완전히 태우는 것이다. 만약 고객의 감정을 다 태우지 못하고 불씨가 남은 채로 덮어 버린다면, 언젠가 그 불씨가 살아나 고객의 마음을 흔들어 놓을 것이다.

고객의 감정을 태우기 위해서는 그 감정을 읽어줘야 한다. 코치는 고객이 자신의 감정을 충분히 인식하고, 밑바닥까지 볼 수 있도록, 고객의 감정을 공감하고 함께 여행을 해줘야 한다. 고객이 자신의 감정을 완전히 다 드러내고, 보고, 느끼고, 어루만질 수 있도록 해줘야 한다. 감정은 자신을 무시하면 더 화를 내고, 자신을 충분히 읽어주면 어느새 슬그머니 사라지는 에너지의 흐름이다.

이러한 감정을 충분히 태우고 새로운 전환점을 얻기 위해서는 코치는 그것을 듣는다 → 코치는 고객을 그것으로 데려간다(그 순간의 감정에 머물도록 한다) → 코치는 고객이 그것을 경험하게 한다(그것이란 고객이 허락하지 않는 내재 된 억눌린 감정이나 에너지) → 고객이 그것을 자신의 삶에 포함시킬 때 변화가 일어난다 → 고객은 지금 새롭게 경험한 에너지로부터 무언가를 인식하고 미래로 향한다의 순서로 진행된다.

주제) 나는 무엇 때문에 힘들어 하는가?

실습)

1) 하면 안 되는 것 3가지와 견디기 힘든 것 3가지 들고, 이 중에서 택 1
2) 고객이 감정을 충분히 설명하고, 느끼기
3) 고객으로 하여금 감정에 이름을 붙이고, 더 깊이 탐색하기.
   질문) 지금 그 감정을 이미지나 물체로 표현한다면 어떻게 표현할 수 있을까요?
   질문) 그 감정을 집이라고 표현하셨는데, 함께 들어가 볼까요? 대문은 어떤 모습인가요? 대문 앞에 선 느낌은? 몇 층인가요? 가장 밝은 방은? 느낌은? 어두운 방은? 느낌은? 등등
4) 고객이 가고 싶은 곳으로 데리고 간다: 집, 바닷가, 산, 외딴 섬, 행성

등등

질문) (감정을 충분히 읽은 후) 지금 그 심정으로 가고 싶은 곳이 있다면?

5) 그 곳에 머무르며, 경험하게 하고, 감정의 변화를 느끼게 한다.
6) 변화된 감정을 통해 의식의 확장
7) 새로운 상황으로 스스로 전환
8) 해결방안 모색, 행동계획
9) 마무리

◆ 상황별 주제 예시

라이프 코칭에서 주제는 고객의 상황에 따라 매우 다양하게 나타난다. 코칭에서 고객이 진정으로 고민하는 삶의 주제를 찾는 것은 매우 중요한 일이고 코칭의 핵심이다. 어떤 고객은 자신의 솔직한 주제를 쉽게 말하지 않기 때문이다. 고객과의 관계가 충분히 이루어지고, 고객이 코치를 신뢰할 수 있어야 한다. 고객이 방어적 벽을 허물고, 자신의 속을 드러낼 때까지 코치는 서두르지 말고 기다려야 한다.

아래는 몇 가지 상황을 들어놓았다. 참고적인 예시이며, 진정한 주제는 고객에게서 끌어내어야 한다.

▶ 입시에 찌든 딸을 바라보는 아빠

고3 수험생을 둔 아빠는 딸만 보면 화가 난다. 고3인데도 늦게까지 자고, 저녁에는 친구와 톡을 계속하고, 수능에 집중하지 않는 것 같다. 자신은 학원 하나 안다니고 대학을 들어갔는데, 딸은 원하는 학원을 다 보내줬고, 사달라는 것 다 사줬다.

걱정되어 보다 못해 한마디 하면, 딸은 들으려고도 하지 않고 화를 내며 자기 방으로 들어가 버린다. 아내는 딸 나름대로 힘들테니 그냥 모른체 하라 한다. 가족을 위해 죽으라고 회사에서 일하고 돈 벌어왔는데, 딸한테 한 마디도 못하고 그냥 모른체 하라는 아내도 마음에 들지 않는다. 집에서 있으면서 하나 있는 딸 애 공부하나 제대로 챙겨주지 못하고, 저러다 좋은 대학 못 가면 나중에 누구를 원망할텐데 싶다.

코치:
고객:
코치:
고객:

▶ 진로를 고민하는 대학생

대학 1학년 후 군대를 다녀온 박군은 진로 문제로 고민이다. 군대도 다녀왔고, 본격적으로 취업 준비를 해야 할 것 같은데, 자신이 어떤 적성에 맞고 어떤 회사에 취업해야 하는지 모르겠다. 영어와 컴퓨터 자격증을 우선 준비하면서 차차 알아보면 되겠지 싶기는 하지만, 그래도 뭔가 자신 인생의 방향성은 있어야 하지 않을까 싶다. 한번 뿐인 인생이니 멋지게 살고 싶은데, 집이 부자도 아니고, 성실하게는 살아왔지만 특별히 잘하는 것도 없다. 공무원 준비를 해볼까 싶기도 하지만, 좀 답답한 것 같기도 하고, 회사 사무직을 생각하고 있지만 정년이 보장도 안 되고, 불과 3년 후면 사회에 나가야 하는데, 답답하기만 하다.

코치:
고객:
코치:
고객:

▶ 컴퓨터 게임에 빠져 학업을 소홀히 하는 중학생 엄마

컴퓨터 게임에 빠져 있는 중3 아들을 둔 엄마는 걱정이 태산이다. 남들처럼 특목고는 바라지도 않는다. 대학진학과 취업이 얼마나 어려운 시대인데, 중3인데도 게임만 하니. 게임을 하지 말고 공부 좀 하라고 하면, 그때만 알았습니다 하고 그 뿐이다. 더 다그치면 오히려 화를 버럭 낸다. 덩치는 엄마보다 더 커진 아들을 힘으로 제압할 수도 없다. 아빠라도 좀 나서서 야단을 쳐주면 좋겠는데, 아빠는 회사 일이 바쁘고 애들 공부는 엄마의 몫이라 생각한다. 남의 집 아들은 공부를 잘만 하던데 우리 아들은 왜 저모양인지, 엄마도 아빠도 그렇지 않았는데, 어릴 때부터 얼마나 사랑으로 키워왔는데, 도대체 뭐가 잘못되었을까? 어떻게 해야 할까 걱정이다.

코치:

고객:

코치:

고객:

▶ 시어머니와 갈등을 겪고 있는 부부

정미씨는 시어머니와 가까이 산다. 남편은 같이 모시자고 했지만, 시어머니의 성격이 깐깐해서 이웃에 있는 아파트에 거주하기로 했다. 그런데 시어머니는 거의 매일 아들 집에 오고, 청소나 음식 등에 대해 참견을 하신다. 처음에는 그냥 참았는데, 거의 매일 오시니 불편하다. 정미씨 나름대로 하고 싶은 요리도 있고, 외식도 하고 싶기도 한데, 시어머니는 이런 저런 요리를 해야 아들이 좋아한다고 한다. 시대가 다르고, 가치관도 다른데 시어머니는 늘 옛날 얘기만 하고, 간섭을 하신다.

더 참을 수 없는 것은 남편의 태도다. 시어머니의 참견에 남편은 거의 대꾸를 하지 않는다. 자신과 시어머니와 의견이 대립될 때면, 자신의 편을 들기는커녕, 오히려 시어머니의 편만 두둔한다. 가운데에서 조정을 좀 해주지

못하면 차라리 가만히나 있지. 시어머니와 멀리 살 때는 부부사이가 좋았다. 가까이 이사온 후로 모든 게 틀어진 느낌이다.

코치:

고객:

코치:

고객:

▶ 여자친구와 헤어지고 우울한 김군

얼마 전 김군은 여자 친구와 헤어졌다. 대학 때 만나 5년 넘게 좋은 관계를 유지해 왔는데, 여자 친구가 취업을 하고 김군은 아직 취업을 못 했다. 여자 친구는 입사를 한 후 같은 회사 동료와 사이가 가까운 것 같다. 둘 다 대기업에 입사했으니 능력도 있고, 회사 동료는 얼굴도 잘 생겼다. 그에 비해 자신은 아직 취업도 못했고, 자신도 별로 없다. 여자 친구는 힘내라고 하는데, 만날수록 자신이 움츠려드는 것 같았다. 마음은 아닌데 말은 짜증을 냈고 트집을 잡았다. 그런 자신에게 여자 친구도 점점 실망하는 것 같았다.

그래서 먼저 헤어지자고 했다. 여자 친구를 여전히 마음에 두고 있는데, 이렇게 헤어지는 게 왠지 억울하고 자신에게 화가 났다. 헤어지고 마음이 뒤숭숭하니 취업 공부도 더 손에 잡히지 않는다. 보란 듯이 멋진 대기업에 취업해서 그녀 앞에 나타나고 싶지만, 솔직히 자신이 좀 없다. 나란 사람은 원래 이런 사람인가 싶어 기분이 우울하다.

코치:

고객:

코치:

고객:

▶ 영어 회화가 마음대로 향상되지 않는 대학생

이군은 작년에 대학을 졸업했고, 지금은 취업을 위해 영어회화 학원을 다니고 있다. 영어 면접에서 번번이 탈락했기 때문에 각오를 단단히 하고 새벽에 수강중이다. 토플은 어느 정도 점수가 나오는데 듣기와 말하기가 어렵게 느껴진다. 좀더 일찍 시작할 걸 하고 후회스럽다. 자신보다 젊은 대학생들의 회화 실력이 금방 느는 것 같다. 경제적 여유가 좀 있는 친구들이 어학연수를 갈 동안 자신은 등록금 마련 위한 아르바이트 하느라 못 갔다. 연수를 갔다면 자신도 회화가 될 테고, 그러면 벌써 취업할 수 있었을텐데라고 생각하니, 여유가 있는 친구들이 좀 부럽다.

원래 말이 별로 없는 과묵한 성격이라, 학원에서 파트너와 회화 연습하기도 쉽지 않다. 누구든지 붙잡고 영어로 말을 해야 하는데, 잘 모르는 사람에게 대화를 요청하는 것도 부담이다. 영어회화만 되면 취업은 문제없는데, 그리고 사실 입사해서 영어회화가 당장 필요한 것도 아니라든데, 왜 영어회화를 요구하는지 이해할 수 없기도 하다.

코치:
고객:
코치:
고객:

7
chapter

비즈니스 코칭 실습

◆ 상황별 주제 예시

▶ 임원이 된 박상무

박상무는 탁월한 업무 성과를 인정받아 부장에서 상무이사로 승진하였다. 처음에는 그동안 열심히 일한 대가를 인정받았다고 생각되어 너무나 기뻤고, 축하도 많이 받았다. 그러나 곧 심각한 고민에 빠졌다. 과장이나 부장이었을 때는 내려온 목표를 달성하기 위해 직원들을 재촉하고, 열심히 일을 하면 성과를 달성할 수 있었다.

그러나 임원의 역할은 정해진 것이 없었다. 무엇을 해야 할지 몰랐고, 어떤 지시를 내려야 할지 몰랐다. 지금까지의 방법대로 하면 기본적인 성과는 나오겠지만, 눈에 띄는 성과는 없을 것 같고, 어쩌면 새로운 도전적 상황으로 인해 매출이 하락할 수도 있을 것 같았다. 뭔가 새로운 변화를 이루어 내지 못한다면, 연말 평가를 자신할 수 없었다.

업무적인 지식과 능력은 나름대로 자신 있었으나, 부하들의 욕구 파악, 성격문제, 갈등, 이해관계 조정 등은 자신이 없었다. 이러한 문제들은 박상무를 불편하게 했고, 어떻게 해야 할지 막막하기만 했다.

코치:
고객:
코치:
고객:

▶ 이직을 고민하는 회사원

현재 회사에 3년을 다닌 김대리는 이직을 고민하고 있다. 현재 다니고 있는 회사에 큰 불만은 없지만, 더 큰 회사로 이직하여 급여도 더 받고 싶고, 새로운 환경에서 더 큰 도전을 하고 싶었다. 대기업에 다니는 대학 동창의 얘기를 듣다보면 자신이 뒤처진다는 느낌도 가지고 있었다. 딱히 마음먹은 회사는 없지만, 천천히 알아보면 될 것 같았다. 우선은 현재 회사에 근무하면서 시간을 내어 정보를 알아보기로 했다.

물론 아직은 누구에게도 말하지 않았다. 결정된 게 없으므로 당분간 비밀에 부칠 생각이다. 옮겨갈 회사가 결정되면 현재 회사에 말할 생각이다. 몰래 준비하는 것이 좀 양심에 걸리고, 미안한 생각은 들지만, 내 인생의 발전을 위해서라고 할 수 없다고 생각하고 있다.

코치:
고객:
코치:
고객:

▶ 창업을 준비하는 회사원

현재 회사와 이전 회사를 포함해서 10년 동안 직장생활을 한 이 과장은 창업을 준비하고 있다. 회사에 계속 남아 있어봐야 큰 비전도 보이지 않고, 정년까지 간다는 보장도 없다. 자기보다 성적이 좋지 못했던 고교 친구가 사업에 성공하여 좋은 차를 타는 것을 보면 자신도 못할 이유가 없다고 생각되었다.

그런데 사실 명확한 아이템도 없고, 좀 겁나기도 하다. 결혼해서 가정이 있는데 혹시 사업이 뜻대로 되지 않을 경우 고등학교에 다니는 아이들에게도 영향을 받을 수 있을 것 같다. 아이들을 생각하자니 그냥 참고 현재 회사에 다니는 것이 나을 것 같고, 자신의 꿈과 미래를 생각하면, 더 늦기 전에 도전을 해야 할 것 같았다. 주변 친구들에게 얘기하면 그냥 현재 직장에 참고 있어라고 말한다. 아내도 사업하는 것에 반대다. 자신을 이해해주는 사람이 아무도 없는 것 같아 답답하다. 그냥 이렇게 자신의 인생이 샐러리맨으로 끝나도 되는가 하는 생각이 들어 별로 기분이 나지 않는다.

코치:
고객:
코치:
고객:

▶ 현재의 사업을 철수할지 고민하고 있는 양전무

3년 전 야심차게 새로운 사업을 시작했지만, 생각만큼 매출이 나지 않는 유통사업부를 어떻게 해야 할지 고민하고 있다. 본업인 제조만 하는 것이 나을지, 좀더 지켜봐야 할지 고민이다. 계속 하자니 수익도 별로 없이 바쁘기만 하고, 철수하자니 그동안 들인 노력이 아깝다. 본인이 기획하고 밀어부쳐 시작했지만, 지난 3년 동안 성과가 보이지 않아 사장님의 눈치도 보인다. 그냥 가만히 있었으면 좋았을텐데, 괜히 새로운 도전을 시작했다 싶기도 하다.

코치:
고객:
코치:

고객:

▶ 현재의 사업을 획기적으로 성장시키고자 하는 중소기업 하사장

하사장은 대기업에 다니다가 10년 전에 중소기업을 시작하여 현재 그런대로 운영해오고 있다. 대기업 재직 시 만난 인연으로 큰 거래처를 하나 확보한 덕분에 적자 없이 그럭저럭 회사를 유지하고 있다.

그러나 언제까지 이렇게 조그만 회사로 머물러 있을 순 없다고 생각되고, 더 나이가 들기 전에 뭔가 큰 사업을 시작해야만 할 것 같다. 회사 규모도 더 키우고, 국제적 교역도 확대하고 싶다.

그러나 그렇게 하려면 해야 할 게 많다. 영어 가능한 직원도 더 뽑아야 하고, 해외 시장 개척을 위해 출장도 가야하고, 위험 부담도 많다. 그냥 현재의 사업만 유지해도 가족이 생활하는 데는 지장 없는데, 굳이 새로운 도전을 꼭 해야 하는가 싶은 생각도 든다. 사업을 처음 시작할 때는 이렇게 작은 규모로 오랫동안 하리라 생각하지 못했다. 이름없는 중소기업이 아니라, 그래도 국내에서는 알아주는 중견기업으로 회사를 성장시키고 싶었다.

코치:
고객:
코치:
고객:

▶ 팀원과 관계가 불편한 팀장

서팀장은 10명의 팀원 중에 유독 고대리가 마음에 들지 않는다. 소프트웨어 프로그래머인 고대리는 스마트하고 전문지식이 깊어서 자기가 맡은 일은 잘해 내지만, 다른 사람과 협의하는 것을 싫어하고 독불장군 성격이 있다. 다른 사람의 의견을 잘 받아들이지 못하고 자기 고집대로 하려고만 한다. 그냥 두자니 전체 팀의 분위기를 좀 헤치는 것 같고, 직접적으로 말하는 것

도 좀 불편하다. 고대리를 다른 프로그래머와 바꾸고 싶지만, 사내에서는 고대리만큼의 실력자도 없다. 어떻게든 고대리와 잘 해보고 싶지만, 가끔은 고대리가 자신을 무시하는 듯한 말도 하는 것 같아 내심 기분이 언짢다. 고대리가 자신보다 명문대를 나왔고, 프로그램 분야는 박식해서 그런가 싶기도 하다.

코치:
고객:
코치:
고객:

▶ 사장의 친인척이 못 마땅한 이과장

이과장은 같은 부서의 동료 과장과 관계가 좋지 않다. 사장의 조카인 동료 과장은 몇 해 전 대리로 들어와 별다른 성과가 없었지만 과장으로 고속 승진했다. 이과장 자신은 사원으로 들어와 열심히 일해 성과를 내어 과장까지 왔는데, 동료 과장은 친척이라는 이유만으로 승진했고, 지금은 자신과 의견 충돌이 가끔 있다. 대놓고 말은 못하지만 마음에 들지 않고 못마땅하다. 그러나 사장님의 조카라 어떻게 할 수는 없다.

그렇다고 관계가 아주 불편하거나 업무적 능력이 크게 떨어지는 것은 아니다. 그렇다고 또 열심히 하는 것도 아니다. 이과장이 보기에 동료 과장은 그저 적당히 일하고 자기 인생을 즐기는 것 같다. 이과장은 부장 승진을 위해서라도 매사 완벽하게 업무를 처리하는데, 승진을 별로 신경 안 쓰는 듯이, 여유가 넘치는 동료 과장을 보면 그저 못마땅하고, 차라리 다른 부서로 가서 눈에 안보였으면 싶다.

코치:
고객:

코치:
고객:

▶ 상사와 관계가 불편한 직원

나과장은 상사인 도부장이 마음에 안 든다. 나과장이 실무를 맡아 성과를 만들어 놓으면 도부장은 마치 자기가 다 한 것처럼 상무님께 보고한다. 아랫사람에게는 다그치고 허풍치고, 윗 사람에게는 온갖 아양을 다한다. 일은 별로 안하고, 사내의 온갖 정보를 수집하고, 윗 사람의 경조사는 빠지지 않는다. 상무님도 도부장의 업무 능력과 스타일을 알고는 있는 것 같은데, 특별히 싫어하지는 않는 눈치다. 반대도 거의 없고, 시키는 일은 그런대로 하는데다, 듣기 좋은 말을 자주 하기 때문이다.

나과장은 도부장이 기회주의자인 것 같고, 업무능력보다는 아첨으로 부장까지 오른 것 같다. 인사부는 왜 저런 사람을 걸러내지 못하고, 상무님은 도부장을 가까이 두는지 모르겠다. 도부장과 친한 상무님께는 말을 못하겠고, 사장님과 면담이라도 해야 하는 걸까 싶다.

그렇지만 도부장이 현재 상사인데다, 상무님과의 관계도 나쁘지 않아서 섣불리 행동했다가는 큰 보복이 있을까 두렵다. 그렇다고 언제까지 이렇게 지내야 하는지 몰라 답답하다.

코치:
고객:
코치:
고객:

▶ 지시하지 않으면 움직이지 않는 직원들이 맘에 안 드는 정사장

정사장은 회사에 출근하면 짜증이 난다. 직원들이 알아서 일을 하지 않는다. 자신이 회사 다닐 때는 상사가 시키지 않아도 일을 찾아서 했고, 그래서

능력을 인정받아 승진하고, 지금은 독립하여 사장이 되었다. 누구든지 스스로 일을 찾아서 하면 성공하기 마련인데, 회사 직원들은 정사장이 시키지 않으면 움직이지 않는다. 그들이 사원일 때는 일일이 지시했지만, 이제는 중견관리자가 되었는데 좀 알아서 해야 하지 않는가? 언제까지 자신이 지시하고 말해야 하는가? 왜 우리회사 직원들은 좀 알아서 하지 않는가? 하는 생각이 들어, 그들을 볼 때마다 울화가 치밀어 오른다.

코치:
고객:
코치:
고객:

참고문헌

게리 콜린스(2011), 『코칭 바이블』, 양형주 · 이규창 옮김, 한국기독학생회출판부.

고현숙 외(2013), 『그룹코칭』, 올림.

구자호(2015), 『그룹코칭 워커북』, 올림.

김상운(2011), 『왓칭』, 정신세계사.

도로시 리즈(2005), 『질문의 7가지 힘』, 더난출판

로버트 B. 디너(2011), 『긍정심리학 코칭기술』, 우문식 · 윤상운 옮김. 물푸레

로버트 딜츠(2009), 『긍정 코칭』, 박정길 옮김, 아카데미북.

로버트 하그로브(2015), 『마스터풀 코칭』, 김신배 외 옮김, 쌤앤파커스

로베르트 비스바스 디너, 벤 딘(2009), 『긍정심리학 코칭』, 서희연 옮김, 아시아코치센터.

리즈 홀(2017), 『마음챙김 코칭』, 최병현 · 이혜진 · 김성익 · 박진수 옮김, 한국코칭수퍼비전 아카데미.

리처드 윌리엄스(2007), 『피드백 이야기』, 이민주 옮김, 토네이도

마샬 쿡(2003), 『코칭의 기술』, 서천석 옮김, 지식공작소.

박경록 · 라미경(2016), 『Core 핵심 리더십 개발』, 한올.

박창규(2015), 『임파워링하라』, 넌 참 예뻐.

밥 윌(2007), 『감성코칭 리더십』, 이화용 옮김, 지평

배용관(2016), 『리더의 코칭』, 아비요.

브라이언 트레이시(2003), 『성취심리』, 홍성화 옮김, 씨앗을 뿌리는 사람

소냐 류보머스키(2008), 『How to be happy 행복도 연습이 필요하다』, 오혜경 옮김, 지식노마드.

신호주 · 김광호(2010), 『마음코칭』, 책이있는마을.

에노모토 히데타케(2004), 『마법의 코칭』, 새로운 제안.

엘프리다 뮐러-카인츠, 크리스티네 죄닝(2004), 강희진 역, 『직관의 힘』, 시아출판사

이소희(2008), 『멋진 응원, 코칭』, 신정

이소희 · 길영환 · 도미향 · 김혜연(2014), 『코칭학개론』, 신정

이언 맥드모트, 웬디 제이고(2007), 『코칭 바이블』, 박정길 · 최소영 옮김, 웅진윙스

이희경(2005), 『코칭입문』, 교보문고.

제프리 E. 아워바흐(2005), 『일반코칭과 임원코칭』, 최영상 역, 영재.5

조성진(2008), 『코칭ABC』, 심포지움.

존 휘트모어(2007), 『성과 향상을 위한 코칭 리더십』, 김영순 옮김, 김영사

피에르 앙젤. 파트릭 아마르(2012), 『코칭 이론과 실행』, 홍성호 옮김, 성균관대출판부.

코칭경영원(2013), 2013 대한민국코치대회, '그룹코칭의 성공 요소',

한국코칭센터, CEP(Core Essential Program).

한국코칭센터, PCCP(Professional Corporate Coaching Program).

Adele B. Lynn(2004), The EQ Difference A Powerful Plan for Putting Emotional Intelligence to Work Paperback, AMACOM/American Management Association

Carole Bennett & Michelle Payne(2016), *Expanding Horizons*, Coaching Skills Foundation, CreateSpace Independent Publishing Platform, 2016

Henry Kimsey-House, Karen Kimsey-House, and Philip Sandahl Boston(2011), *Co-Active Coaching: Changing Business Transforming Lives* Nicholas Brealey Publishing.

Kabat-Zinn, J(1991), *Full Catastrophe Living: How to cope with stress, pain and illness using mindfulness meditation*, Piatkus, London.

Maria Iliffe-wood(2014), *Coaching Presence: Building Consciousness and Awareness in Coaching Interventions*, Kogan Page.

Schon, D A(1991), *The Reflective Practioner. How professionals think in action*, Ashgate, Aldershot.

Stein, I.F.(2003), Introduction: Beginning a promising conversation. In Stein, I.F., and Belstern, L.A. (Eds), Proceedings of the First ICF Coaching Research Symposium, November 12, 2003 Denver, Colorado USA(pp. viii.xii), Mooresville, NC: Paw Print Press.

Whitmore, J(2009), *Coahing for Performance: GROWing people, performance and purpose*4th edn, Nicholas Brealey, London.

다음백과(http://100.daum.net)

네이버 지식백과(http://terms.naver.com)

세계코칭연맹(http://coachfederation.org)

페미위키(https://femiwiki.com)

한국코치협회(http://kcoach.or.kr

The VIA Institute on Character(https://www.viacharacter.org)

Bobgriffiths(http://bobgriffiths.com)

부 록

<부 록>

◆ (사)한국코치협회 윤리규정[1)]

제1장 기본윤리

제1조 (사명)

1. 코치는 한국코치협회의 윤리규정에 준거하여 행동합니다.
2. 코치는 코칭이 고객의 존재, 삶, 성공, 그리고 행복과 연결되어 있음을 인지합니다.
3. 코치는 고객의 잠재력을 극대화하고 최상의 가치를 실현하도록 돕기 위해 부단한 자기 성찰과 끊임없이 공부하는 평생학습자(life learner)가 되어야 합니다.
4. 코치는 자신의 전문분야와 삶에 있어서 고객의 Role모델이 되어야 합니다.

제2조 (외국윤리의 준수)

코치는 국제적인 활동을 함에 있어 외국의 코치 윤리규정도 존중하여야 합니다.

제2장 코칭에 관한 윤리

제3조 (코칭 안내 및 홍보)

1. 코치는 코칭에 대한 전반적인 이해나 지지를 해치는 행위는 일절 하지 않습니다.
2. 코치는 코치와 코치단체의 명예와 신용을 해치는 행위를 하지 않습니다.
3. 코치는 고객에게 코칭을 통해 얻을 수 있는 성과에 대해서 의도적으로 과장하거나 축소하는 등의 부당한 주장을 하지 않습니다.
4. 코치는 자신의 경력, 실적, 역량, 개발 프로그램 등에 관하여 과대하게 선전하

1) 2017.4.6., 한국코치협회(http://kcoach.or.kr/01about/about06.html)

거나 광고하지 않습니다.

제 4 조 (접근법)

1. 코치는 다양한 코칭 접근법(approach)을 존중합니다. 코치는 다른 사람들의 노력이나 공헌을 존중합니다.
2. 코치는 고객이 자신 이외의 코치 또는 다른 접근 방법(심리치료, 컨설팅 등)이 더 유효하다고 판단되어질 때 고객과 상의하고 변경을 실시하도록 촉구합니다.

제 5 조 (코칭 연구)

1. 코치는 전문적 능력에 근거하며 과학적 기준의 범위 내에서 연구를 실시하고 보고합니다.
2. 코치는 연구를 실시할 때 관계자로부터 허가 또는 동의를 얻은 후 모든 불이익으로부터 참가자가 보호되는 형태로 연구를 실시합니다.
3. 코치는 우리나라의 법률에 준거해 연구합니다.

제 3 장 직무에 대한 윤리

제 6 조 (성실의무)

1. 코치는 고객에게 항상 친절하고 최선을 다하며 성실하여야 합니다.
2. 코치는 자신의 능력, 기술, 경험을 정확하게 인식합니다.
3. 코치는 업무에 지장을 주는 개인적인 문제를 인식하도록 노력합니다. 필요할 경우 코칭의 일시 중단 또는 종료가 적절할지 등을 결정하고 고객과 협의합니다.
4. 코치는 고객의 모든 결정을 존중합니다.

제 7 조 (시작 전 확인)

1. 코치는 최초의 세션 이전에 코칭의 본질, 비밀을 지킬 의무의 범위, 지불 조건 및 그 외의 코칭 계약 조건을 이해하도록 설명합니다.
2. 코치는 고객이 어느 시점에서도 코칭을 종료할 수 있는 권리가 있음을 알립니다.

제 8 조 (직무)

1. 코치는 고객, 혹은 고객 후보자에게 오해를 부를 우려가 있는 정보전달이나 충고를 하지 않습니다.
2. 코치는 고객과 부적절한 거래 관계를 가지지 않으며 개인적, 직업적, 금전적인 이익을 위해 의 도적으로 이용하지 않습니다.
3. 코치는 고객이 고객 스스로나 타인에게 위험을 미칠 의사를 분명히 했을 경우 한국코치 협회 윤리위원회에 전달하고 필요한 절차를 취합니다.

제4장 고객에 대한 윤리

제9조 (비밀의 의무)
1. 코치는 법이 요구하는 경우를 제외하고 고객의 정보에 대한 비밀을 지킵니다.
2. 코치는 고객의 이름이나 그 외의 고객 특정 정보를 공개 또는 발표하기 전에 고객의 동의를 얻습니다.
3. 코치는 보수를 지불하는 사람에게 고객 정보를 전하기 전에 고객의 동의를 얻습니다.
4. 코치는 코칭의 실시에 관한 모든 작업 기록을 정확하게 작성, 보존, 보관, 파기합니다.

제10조 (이해의 대립)
1. 코치는 자신과 고객의 이해가 대립되지 않게 노력합니다. 만일 이해의 대립이 생기거나 그 우려가 생겼을 경우, 코치는 그것을 고객에게 숨기지 않고 분명히 하며〈s〉,〈/s〉고객과 함께 좋은 대처 방법을 찾기 위해 검토합니다.
2. 코치는 코칭 관계를 해치지 않는 범위 내에서 코칭 비용을 서비스, 물품 또는 다른 비금전적인 것으로 상호교환(barter)할 수 있습니다.

부 칙

제1조 이 윤리규정은 2011.01.01부터 시행한다.

제2조 이 윤리규정에 언급되지 않은 사항은 한국코치협회 윤리위원회의 내규에 준한다.

〈윤리규정에 대한 맹세〉

나는 전문코치로서(사)한국코치협회 윤리규정을 이해하고 다음의 내용에 준수합니다.

1. 코치는 개인적인 차원뿐 아니라 공공과 사회의 이익을 우선으로 합니다.
2. 코치는 승승의 원칙에 의거하여 개인, 조직, 기관, 단체와 협력합니다.
3. 코치는 지속적인 성장을 위해 학습합니다.
4. 코치는 신의 성실성의 원칙에 의거하여 행동합니다.

만일 내가(사)한국코치협회의 윤리규정을 위반하였을 경우, (사)한국코치협회가 나에게 그 행동에 대한 책임을 물을 수 있다는 것에 동의하며, (사)한국코치협회 윤리위원회의 심의를 통해 법적인 조치 또는 (사)한국코치협회의 회원자격, 인증코치자격이 취소될 수 있음을 분명히 인지하고 있습니다.

◆ 코칭 동의서(예시)

코칭을 본격적으로 시작하기 전에 코칭에 관한 전반적 사항을 고객과 합의하여야 한다. 코칭이 무엇인지를 설명하며, 고객과 코치의 권리와 의무에 대해 상호 약속을 한다. 코칭 동의서 양식은 코칭 분야와 코치에 따라 다양하다. 코칭동의서 양식의 예는 다음과 같으며, 참고하여 상황에 맞게 수정하면 된다.

코칭동의서에 관하여

코칭동의서는 국제코칭연맹(ICF)의 코칭 윤리 규정에 기초하여 코치와 코칭 받는 분(이하 고객)이 서로 코칭에 대한 상호 이해를 바탕으로 코칭이 이루어졌음을 확인하기 위해 작성하는 것입니다.

◒ 코칭의 목적과 동의

코치 ____과 고객 ______은 상호 이해하에 코치와 고객으로서 함께 일하는 것에 동의한다. 고객은 다른 인적서비스와 다른 코칭의 특성을 잘 이해하고 있으며, 코칭이 고객의 변화와 성장을 목적으로 하고, 결정과 실행이 고객의 책임임을 분명히 이해한다.

◒ 코칭의 성과 및 측정치

-. 코칭의 최종 목표는 ____________________________________으로 한다.
-. 최종 목표의 달성 기준은 ________________________________으로 한다.

◒ 고객의 권리사항

- 코치가 코칭시간을 지키지 않거나, 코칭이 불성실할 경우, 그리고 기대한 만큼의 코칭 효과가 없다고 판단될 경우 코칭을 중지할 수 있다.

◒ 코치의 권리사항

-고객이 코칭시간을 지키지 않거나, 고객 실행 약속을 지키지 않는 경우, 또한 코칭보다 다른 접근 방법이 더 유효하다고 판단될 경우 코칭을 중지할 수 있다.

◒ 고객의 의무사항
- 고객 성장의 동반자로서 코치를 신뢰한다.
- 고객은 코칭을 주도하고, 세션에서 약속한 사항들을 이행한다.

◒ 코치의 의무사항
- 국제코치연맹(ICF)과 한국코치협회(KCA)에서 정한 직업윤리를 준수한다.
- 코치의 직업적 범위나 역량을 벗어날 경우, 고객에게 알리고 협의한다.
- 위법인 경우를 제외하고, 고객의 비밀을 유지하며, 고객이 원치 않는 사적인 대화는 하지 않는다.
- 고객의 사례를 발표하거나 인용할 경우 고객의 동의를 구한다.
- 코칭을 통해 고객의 목적을 달성할 수 있도록, 코치는 최대한의 역량을 발휘하며, 모든 코칭세션에 최선을 다한다.

◒ 코칭 세션 관련
-. 코칭은 ______일 단위로 ____시 ____분에서 약 ______분간 진행되며, 총 회수는 _____회이다. 면대면 ______회, 전화로 ______를 기준으로 한다.

-. 시작일은 ______________이고, 종료일은 ____________이다. 상황에 따라 합의하에 연장 혹은 변경할 수 있다.

-. 고객의 사정에 의해 코칭 일시를 변경할 경우, 24시간 전에 코치에게 연락되어야 하며, 그렇지 않을 경우 코칭이 진행된 것으로 간주된다.

-. 코칭 세션 동안 서로의 연락처는 아래와 같다.

고객: 휴대폰: 카톡 아이디: 스카이프 아이티:

코치: 휴대폰: 카톡 아이디: 스카이프 아이티:

-. 코칭장소는 ________이며, 상호협의하에 변경할 수 있다.

◒ 코칭비 관련
-. 코칭 비용은 세션 당 ______________원이며, 총 금액의 __________%는 계약금으로 선불 지급함.

-. 코칭비 입금 계좌 ______은행 ________________, ____________

◒ 기타 특별 참고 사항

-.

-.

-.

고객과 코치는 위의 내용을 충분히 이해하고 동의하는 바이며, 코칭세션 동안 서로에게 소중한 시간이 될 수 있도록 최선을 다할 것을 약속합니다.

년 월 일

코치 고객

[저자 약력]

• 박순창

협성대학교 경영학과에서 교수로 재직 중이며, 인사/조직 관련 연구와 강의를 맡고 있다. 최근의 관심은 리더십, 커뮤니케이션, 조직계발, 조직문화 등이며, 개인과 조직의 변화와 성장을 위해 코칭을 연구하고, 대학과 기업경영에 코칭을 접목하려고 노력하고 있다. 한국코치협회프로코치(KPC)로서 특히 중소기업 경영자의 코칭에 많은 노력을 기울이고 있다.

코칭의 이해와 활용

2018년 3월 10일 초판인쇄
2018년 3월 15일 초판발행

저 자 박 순 창
발행인 유 성 열
발행처 청목출판사
서울특별시 영등포구 신길로 40길 20
전화 (02) 849-6157(代) · 2820 / 833-6090~1
FAX (02) 849-0817
등록 제318-1994-000090호

파본은 바꾸어 드립니다. 값 14,000원

http : //www.chongmok.co.kr

ISBN 978-89-5565-752-4